思い通りに人を動かすヤバい話し方

Dr.ヒロ

フォレスト出版

次の2つの文章を見比べてみてください。
あなたは次のうち、
どちらの店で買い物をしたいですか？

お客　「マックブックプロを買いたいんだけど、高いんですよねー」

店員　「おっしゃる通りです。この金額は決して安くないと思います。
でも、その分スペックがすごくいいんですよ。
高性能の最新のＣＰＵがついていて
グラフィック性能も最高級のものになっているんです」

お客　「マックブックプロを買いたいんだけど、高いんですよねー」

店員　「おっしゃる通りです。この金額は決して安くないと思います。ところで何と比べて高いと思われたんですか？」

お客　「今使っているＰＣが10万円くらいなんですよね」

店員　「それは高く感じられますよね。ところで、なぜ今回はマックブックエアーではなくマックブックプロをお探しなんですか？」

お客　「僕、動画編集をしているのでマックブックエアーの価格帯だと、スペック的に足りないんですよね」

いかがでしょうか。
おそらく多くの方が後者のお店で買い物をしたいと思ったはずです。

営業の世界では「Yes,But 話法」というテクニックがあります。相手の発言をいきなり否定するよりも、一度「そうですよね(Yes)」と受け入れてから「しかし(But)」と反論することで、こちらの主張が通りやすくなる、という理論です。一見もっともなことを言っていますよね。

しかし、前者のお店はYes,But 話法を忠実に再現しています。それにもかかわらず、イマイチ買う気になりません。これはなぜでしょうか?

答えは**使い方を間違えているから**です。営業に限らず、コミュニケーションではどんな状況であれ、相手を論破したり、言いくるめたりしても良い結果は生まれません。正しくは後者のセールスのように、**相手に「うまく反論（論破）された」と気づかれないまま、意見を誘導する**ことが大切なのです。Yes,But 話法のButの部分は、こちらが言葉で伝えるのではなく、お客さん自身に気づかせる必要があります。

プライベートでもYes,But話法を使う人は、結局のところButの部分で相手を論破・否定してしまっているのでトラブルが多くなります。

本人としては、「Yes,But話法を使って一旦受け入れてるんだから自分の意見も受け入れてもらって当然」くらいに思っていたりするので、それが通じないと「なぜわかってくれないんだ！」と、余計に人間関係にストレスを抱えてしまいます。

もし心当たりのある方は、**今日からYes,But(そうだよね。でも……)の代わりに、Yes, By the way(そうだよね。ところで……)と言ってみてください。**

きっと人間関係のストレスが減り、相手といいコミュニケーションが取れるようになり、その人からの好感度も信頼度も上がるはずです。

世の中には、便利に見えて実はまったく効果のないテクニックが溢れています。

僕も間違ったテクニックを真面目に学んでしまい、頑張れば頑張るほど裏目に出ていた時期があります。

本書では、そんな僕がマルチ商法のトップセールスになる過程で習得してきた、実践100%の「本当に使える話し方」のノウハウを厳選してお伝えしていきます。

そうだ、教祖になろう

はじめまして、Dr．ヒロと申します。

現在はYouTube「Dr．ヒロの実験室」でトーク主体の動画配信をしていたり、音声メディアVoicyにて「Dr．ヒロの洗脳ラジオ」を配信したりしています。前職はマルチ商法でトップセールスをやっていました。

僕の職業を一言で表すなら「しゃべりでメシ食べている人」です。

しかし、僕は最初からコミュニケーションがうまかったのかというと、そうではありません。マルチ商法では6年間のキャリアのうち、最初の3年間は赤字でした。3年間ほぼすべての休日を副業に費やして赤字のセールスってどう思いますか？いくらマルチ商法が稼ぎづらい副業だとしても、かなりイケてない結果です。

しかし、僕のマルチ商法のキャリアは3年目を境に大きく変わります。転機となったのは、**洗脳スキルとの出合い**です。営業やコミュニケーションの本を読んだり、セミナーに参加したりしても一向に成果が出ない僕は、ある日ふと思ったのです。

「世の中にはもっと怪しい商材を高額で売ったり、信者に全財産を差し出させるような宗教があるのに、なぜ自分は売れないんだ……。僕にも信者を洗脳するような能力があれば……ん？ そういえば洗脳ってどうやるんだ？ 本とか出てないかな？」

半ばヤケになって「洗脳」に関する本を大量に購入し、片っ端から読んでみることにしました。それらの本を読み始めて、僕は衝撃を受けました。そこに書かれている内容が、今までの自分の常識を覆すようなノウハウばかりだったのです。

それから僕は日々の活動を通じて、洗脳のスキルを徹底的に試し、本当に使えるスキルを習得していきました。

その結果、マルチ商法で活動した6年間のうち、後半の3年間はトップセールスを維持し続け、マルチ商法一本で生活できるようになり、20代でタワーマンションに住むこともできました。

しかし、そんな生活も束の間のことです。思うところあってマルチ商法を引退し、30歳を目前にして無職になりました。

マルチ商法以外の働き方を知らなかった僕は、マルチ商法で培った浪費癖だけは抜けず、お金もないのに派手な暮らしをし続け、一瞬にして貧乏生活に陥りました。

床暖房付きのタワーマンションから退去し、エアコンも買えないまま4畳の部屋に引きこもり、お金になるのかもわからないYouTubeを始めたのが2019年9月のことです。

しかし、そんな僕を救ったのも、マルチ商法の洗脳で磨き上げた話術でした。

自己流で始めたYouTubeは幸いにして多くの方に観ていただけるようになり、2021年5月時点で13・5万人の方にチャンネル登録をしていただいています。

動画で発信した洗脳のノウハウは、多くの方に「役に立った」「救われた」という嬉しいコメントをいただけるようになりました。

僕が本を書こうと思った2つの理由

そんな僕がなぜ今回、本を書こうと思ったのか。理由は2つあります。

1つは、**洗脳のノウハウはYouTubeの動画では到底話しきれないから**です。

YouTubeはエンターテインメントですので、わかりやすさ・斬新さなどが求められます。わかりやすい斬新なテクニックは好まれますが、さりげないちょっとした言動・行動で、実は強力な効果のあるテクニックなどは、あまり好まれません。

本来であれば、さりげないテクニックの積み重ねこそが、本当に使える洗脳のテクニックなのですが、YouTubeの動画ではどうしてもその肝心の部分が伝えきれないのです。

そしてもう1つの理由は、**僕が知る限り世の中に洗脳のノウハウをわかりやすくまとめた本がないから**です。

「洗脳のやり方」について本格的に解説した本は、マニアックな読者を対象としているものが多いので「詳しいけれどもわかりづらい本」が非常に多いです。

「わかるとできるは違う」という言葉があるように、知識としての理解と、実践での活用はイコールではありません。経済学者の全員が経済的に成功しているわけではないのと同じように、心理学者も全員が相手の心を誘導するスペシャリストとは限らないのです。

これは心理学者を否定しているわけではありません。僕も心理学を学ぶのは大好きです。しかし、使えそうなノウハウを実際に使えるようになりたいと思った時に、ベストな伝え方がされているかと言うと、そういう本に僕自身はまだ出合ったことがないのです。

そこで、読んだ人のコミュニケーションが確実に上達することを最優先にした本を書いてみたいと思いました。

この本で得られること

この本を通じてあなたが得られることは大きく分けて2つあります。

1つは、「コミュニケーション能力が高くなる」こと。そしてもう1つは、「騙されない人になる」ことです。

目的を持って読むことで読書の効果は何倍にもなりますので、あなたの目的の整理のためにそれぞれ簡単にお話しさせていただきます。

まず1つ目の、コミュニケーションの上達について。

・上手に話せるようになりたい
・売れる営業になりたい
・人から好かれ、信頼されるようになりたい
・異性からモテたい

このようなコミュニケーションにおける悩みは、本書を読み終える頃にはすべて解決の糸口が見えるはずです。

実際に僕は、自身がスキルを得て効果を実感しただけでなく、多くの人たちにコミュニケーションを教えてきたので、再現性には自信があります。

プライベートだろうとビジネスだろうと、あなたがコミュニケーションで抱える悩みは、きっと本書が解決の糸口となるでしょう。

そしてもう1つの、騙されない人になることについて。

洗脳のノウハウを知ると、世の中のそこかしこに洗脳のテクニックがちりばめられていることに気づきます。

えげつない心理誘導のノウハウは、悪徳商法やカルト宗教の専売特許ではありません。テレビでCMを流しているような大企業や、国家でさえも、大衆を扇動《せんどう》するために巧みな洗脳術を仕掛けています。

そしてSNSが普及して社会の情報化が進むにつれて、心理技術を悪用したコミュニケーションの脅威はますます強まっています。そんな社会であなたがご自身や大切な人を守るためには、仕掛ける側の手の内を知っておくことが非常に有効です。

僕はマルチ商法での活動を通じて、当時は心からいいと思ってやっていたことでも、傷つけてしまった人がきっといると思っています。

当時僕が得たノウハウを僕にしかできないやり方で伝えていくことで、一人でも多くの方のお役に立つことこそが、今の僕にできる社会との関わり方だと信じています。

本書があなたの人生を少しでも好転させられる一冊になりますように。魂を込めて書きました。ぜひ最後までお楽しみください。

Dr．ヒロ

第3章

相手に好かれる「話し方」の極意

第4章 思い通りに人を操る「伝え方」の極意

第5章 会話の達人になる「聞き方」の極意

第6章 話し方を上達させる極意

第7章

悪用厳禁！ 強力すぎる心理効果

第 1 章

『人を動かす』を
読んでも
人を動かせないあなたへ

話し方のプロが教える「話し方本」の不都合な真実

あなたは今までに「コミュニケーションのコツ」や「話し方の上達法」などが書かれた本を読んだことがありますか？

もし「ある」という方は、実際にそれによってコミュニケーションや話し方が上達しましたか？

ちょっと意地悪な質問だったかもしれません。

この本を手に取った方の多くは、今の自分自身のコミュニケーションに満足はしていないはずです。まずあなたが話し方についての本を読んでも、話し方が上達していない理由をお伝えします。

それは、**世の中で語られている「話し方のコツ」が嘘ばっかり**だからです。

「はじめに」でも書きましたが、僕はずっと「話すこと」を仕事にしてきた人間です。

当然、話し方やコミュニケーションに関する本はたくさん読んできました。

どの本もすごそうなことが書いてあります。しかし、ある程度稼げるようになってから、そういった本を読んだ時、次のような感想を抱くことが多くなりました。

「これでうまく話せたら苦労しないよ。絶対にこの著者は話がうまい人じゃないな」

書店で平積みになっている「話題の本」などで多いのですが、「肩書きだけ立派な人がどっかで読んだ情報の焼き直しをライターに書かせて名前だけ貸して出版しているんじゃないか」とつい疑いたくなってしまうような本がたくさん出回っています。

そういう本は、あたかも使えそうなノウハウが書かれていて、読むと話がうまくなった気になれますが、実際に話がうまくなることはないです。

まず、それらの本が具体的にどう間違っているかをお伝えします。

それは、**話し方の本が話し方について書かれている点**です。

「え？　どういう意味？」と混乱させてしまいましたよね。

おそらく「話し方の上達方法」みたいな本を手に取る方は、コミュニケーション能力を向上させたいという目的で本を読んでいるはずです。しかし、実はコミュニケーションを上達させようと思ったら、話し方、つまりトークの練習をしてもあまり意味はないのです。

コミュニケーションは、学問で言うと国語よりも心理学に近いです。

話がうまい人とは、日本語を正確に使える人ではなく、相手の心に響く話ができる人なのです。**そのために必要なスキルは、「適切な言葉の使い方」ではなく、「適切な印象の与え方」です。**

ですので、この本では、綺麗な話し方についての解説ではなく、「印象操作」のやり方について重点的に解説しています。もちろん話し方についても触れますが、印象操作のコツさえ知ってしまえば、口ベタな人が口ベタなままでも「あの人はコミュニケーション能力が高いよね」と思ってもらうことが可能です。

「印象操作なんて簡単にできるのか？　第一、そんなにそれが有効なテクニックならどの本でも解説されているはずだぞ」そう思った方もいますよね。

思うに、印象操作の解説があまりされない理由は2つあります。

1つは、先に述べたように著者自身があまり実践的なスキルを身につけていないという可能性です。心理学者は、心理学に詳しい人であって、効果的に心理技術を使える人とは限りません。

そしてもう1つは、印象操作についてのスキルのイメージが悪いことです。

通常、コミュニケーション能力についての本はビジネス書に分類されます。それを読むのはビジネスパーソンです。著者もそのつもりで本を書きますから、どうしてもクリーンなイメージの本に仕上げます。

しかし、印象操作のスキルは怪しい（と思う人が多い）系のジャンルで語られることが多いです。

「口ベタなままコミュニケーションが上手と思わせる」なんて「効かないサプリメントを有り難いものだと思い込ませる」という洗脳や「辛いわさびを甘い生クリームだと錯覚させる」という催眠みたいなものですからね。こう言ってしまうと、怪しいと感じられてしまいませんか？

ここで、洗脳・催眠について僕がYouTubeでとったアンケートをお見せします。

洗脳も催眠も心理学という科学に基づいた現象です。科学である以上、誰がやっても正確に再現すれば同じ結果になります。にもかかわらず、怪しい話に免疫があるはずの（いい意味で、です）僕のチャンネルの視聴者の皆さんすら、「誰でも学べばできる」と思っている方は30％程度しかいませんでした。

ということは、世間の一般的な印象では、もっともっと眉唾《まゆつば》物だと思われていると

Dr.ヒロの実験室

あなたは催眠術について、どんな捉え方をされてますか？
よければ教えてください^^

すでに使える	5%
誰でも学べばできる	24%
適性のある人ならできる	44%
存在しない(インチキ)	27%

4469 票

Dr.ヒロの実験室

昨日は催眠についてのアンケートに回答いただきありがとうございました。
洗脳についても同じことをお聞きします。よければご意見聞かせてください^^

すでに使える	7%
誰でも学べばできる	37%
適性のある人ならできる	45%
存在しない(インチキ)	10%

3053 票

想像できます。そのため、一般的なビジネス書で語られてしまうと、かえって著者の信頼を落としたり、イメージを損なってしまうリスクがあるのではないでしょうか。

そこでこの本では、**洗脳や催眠に使われるような、怪しいけれど再現性も有用性も抜群に高い、カルト宗教の洗脳やマルチ商法の勧誘で秘伝として使われてきたスキルを惜しげなく公開**いたします。

この本の内容をよく読んで実践していただければ、ただの水道水を「奇跡の水」と称して高額で販売することくらいは誰でもできるようになります。

「そんなヤバいスキルはいらない！」という人も、この本を読んでいく中で世の中のいたるところに印象操作の技術が練り込まれていることに気づくはずです。仕組みを知ることは、自分を守ることにつながります。

この先で紹介するスキルを、ぜひ真っ当なビジネスやプライベートの充実に、そして自分自身が巧みなコミュニケーション術の餌食にならないためにお役立てください。

➡ 僕も話すことが下手でした

「僕も以前は話すことが下手でした」

こういう話し方系の本だとよくある入りのパターンですよね。

「私も最初はダメでしたが、ある方法に気づいてからはうまくなりました！」

こんな記述を見かけると、「いやいや嘘じゃん。本を書くからって無理やり共感を得ようとするのはやめろよ」なんて僕は思うのですが、あなたはどうですか？

きっと僕の性格がひねくれているだけ、ではないと思います。

しかし、僕が話しベタだったことは事実です。しかも単に話が下手だっただけではなく、当時は自分が話しベタだと気づいてすらいませんでした。

僕の話しベタは、口ベタとは違うタイプです。言葉自体はすらすら出てくるので、このタイプの話しベタの人は自覚しづらい特徴があります。

「どういうこと？　スラスラ話せたら話がうまいんじゃないの？」と思った方、その考えのまま話し方を上達させようとするのは危険です。

話の上手・下手を説明するために、ちょっと僕の子どもの頃のお話にお付き合いください。


僕は子どもの頃、喧嘩無敗でした。


「昔はワルだった」なんていう、ちょっとカッコいい（と思っているのは本人だけで実際にはイタイだけの）武勇伝ではありません。

僕が無敗だったのは、喧嘩は喧嘩でも「口喧嘩」のほうです。

残念ながら大人になってからわかったことですが、**口喧嘩は勝ったほうが必ず損をします。**冒頭で紹介した「コミュニケーションは、学問で言うと国語よりも心理学に近い」という大原則を覚えておいてください。口喧嘩で勝ってしまったら相手の心象は最悪になります。

セールスの鉄則は、口先で勝ちを譲って、取引で勝たせてもらうことです。しかし、子どもの僕にそんなことがわかるはずもありません。

僕は体が弱くて運動が苦手だった代わりに頭だけは発達が早くて、同級生の子が1つのことを考えるうちに2つも3つも考えが浮かびました。こう言うと自慢に聞こえるかもしれませんが、これが僕にとって一番のコンプレックスを作り出しました。

そのコンプレックスとは、「会話が成立しない」です。

僕は頭の回転に任せて、相手の反応を待たずに自分のペースで早口でマシンガントークを捲し立てる嫌なガキになりました。

何を隠そう、僕はマシンガントーク乱射型のコミュ障だったのです。その癖はずっと抜けず、大人になるまでコミュ障を引きずりました。

しかも当時の僕は自分の過ちに気づかず、「あいつ会話できねーな」と人のせいにしていました。会話ができないのはどう考えても僕なのですが……。お恥ずかしい限りです。

皆さんの周りにも、話し出したら止まらなくなる人が一人はいませんか？

その人は「話のうまい人」ではありません。

しかし、ではその人が「話が下手」と言えるかと言うと、そういう評価を下す人も少ないでしょう。少なくとも本人は思っていません。「自分は頭の回転が速くて、わかりやすい話ができる有能な人間だ」と思い込んでいます。僕もそうでした。

マシンガントークは口ベタと同じレベルで、「話が下手な人」の典型的なパターンです。

なぜなら印象が悪いからです。コミュニケーションは相手の心を動かすために行う行為なので、印象を悪くする話し方がうまいわけはないのです。

「上手な話し方」とは、文法的に正しい日本語を短時間で大量に発音することではなく、相手の心を動かせる話し方をすることです。

僕はこのことに気づかないまま社会人になりました。営業職に就いた僕は、当然の如く辛酸を舐めることになりました。

当然、思うような結果はまったく出ません。なまじ大学時代にディベートやビジネスプランコンテスト（ビジコン）で成果を上げて、トークに自信があっただけに余計にこたえました。

今思えば、ディベートは論理を競うものであって心理を競うものではないし、ビジコンもプランの内容を短時間で一方的に伝える競技なので、それらをリアルなコミュニケーションである営業と同一視することは根本的な間違いです。

しかし、当時の僕にはそれがわかっていませんでした。結果として顧客からは、

「言っていることはわかるんだけど……検討します」

といった返事を大量にもらうことになりました。

そんな僕が変わるきっかけになったのが、マルチ商法です。

大学4年生の頃に「経済セミナー」と騙されてマルチ商法のセミナーに動員されて以来、僕はマルチ商法を6年間続けました。最終的には年収2000万円近く稼ぐにいたりましたが、最初の3年間はまったく稼げませんでした。

さすがの勘違い野郎だった僕も、3年も赤字が続くと自分に問題があることに向き合わざるを得ませんでした。

そこから試行錯誤して、「はじめに」でお伝えした通り洗脳スキルを学び始め、そこで自分が会話ができていない事実に気づきました。

しかし、24年くらいずっとコミュ障だった僕です。

「そんな簡単にコミュ障が直るのか?」という話になります。

結論、すぐに直りました。僕がコミュ障に気づいてから1年後くらいには、マルチ商法でトップセールスになっていました。

もちろん、気づいた瞬間直ったわけではないです。当時は「これが正解」みたいなものがなかったので、たくさんの失敗をして多くの人と衝突をしながら、少しずつ自分なりのコミュニケーション理論を磨き上げました。

論理的に正しいことを正確に伝えることがコミュニケーションのコツだと思っていた僕は、洗脳を学ぶことを通して**心理的に影響力のある話し方こそがコミュニケーションの真髄《しんずい》**であることに気づきました。

いったいどのように話をしたら、人はウマい話を信じたり、宗教にハマるのでしょうか？

学び始めてみると、詐欺や洗脳のノウハウは目から鱗《うろこ》のオンパレードです。

そこには、いかにして人を動かすか、相手の信頼を獲得するか、人から好かれるか、といった方法が、ビジネス書よりもはるかに実践的に言葉を選ばず解説されていました。

興味を持った僕は、ビジネス向けに書かれた本だけでなく、詐欺事件やテレビのドラマなどからも人の心の動きを学び始めました。本に書かれた心理効果を、実際の人の動きに当てはめてみたのです。

そして日々の活動で、ひたすら実践しました。

マルチ商法は毎日のように新しい人と出会って、その人との関係を作っていくビジネスなので、心理技術の検証には最高の環境でした。

どうやったら短時間で信頼してもらえるのか、どんな言い方をしたら相手の気持ちを変えられるか。そんなことを試しながら、本で学んだ理論をどんどん自分のものにしていきました。

結果として今の僕のコミュニケーション理論がある程度の形になったのは、トップセールスになってからだいぶあとのことです。6年間続けたマルチ商法をやめる最後のあたりだったと思います。

ここから先では、僕が学んだダークサイドのスキルをあなたに最大限役立つように編纂し直して解説していきます。今まで信じてきたコミュニケーション論をぶっ壊す準備をしてこの先に進んでください。

洗脳は水泳より簡単

心理誘導は誰でもできる

この本に書いてあることを実践すれば、あなたも口先だけで相手を洗脳できる話術が使えるようになります。

「いやいやそんなこと、さすがにできるわけないよ」と思っていただけたら、狙い通り。大丈夫です。今からお伝えする方向に努力する人が少ないだけで、やろうと思えば意外と簡単です。

「洗脳なんてできるわけない」と思った方の思考を紐解いてみます。

おそらく多くの方が、洗脳を難しく考えすぎています。

ドラマや漫画で見たような「全財産を自分に差し出させたり、生殺与奪の権利を握ったりすること」を洗脳だと考えていたら、それは難しく思えて当然です。洗脳にも当然レベルがあります。

この本で皆さんにお伝えしたい「洗脳」は、ビジネスにちょっと役立つくらいのさりげない（けれども強力な）心理誘導です。

水泳で言うと、50mのプールで足をつかずに泳ぎ切るくらいの難易度です。泳ぎ方すら知らない初心者から見たら、「すごい」「自分にはできそうもない」と感じるかもしれません。しかし、実際は小さい頃に水泳を習っている人からしたら簡単ですよね。自己流では練習しても厳しいかもしれませんが、息継ぎの仕方や正しい泳ぎ方などを教われば文字通り子どもでもできます。

ドラマや漫画で見たような洗脳は、水泳で言ったらオリンピックレベルです。そもそも誰でも簡単にできるレベルのものがドラマや漫画になるわけはないのです。

ここで洗脳の定義を決めておきます。

本書での洗脳の定義は、「相手を自分の誘導したい方向に動かすこと」とします。

テレビで見る全財産や命を奪うような事件も、エステティシャンが顧客から契約を取るのも、どちらも洗脳です。「相手の心をどれくらい大きく動かすか」の違いでしかありません。

「うまい話をする」とは人の心を動かせる話し方になりますので、実は「うまい話し方」とは「洗脳力のある話し方」です。少々乱暴ですが、洗脳＝うまい話し方くらいに思っていただいて大丈夫です。

「それは洗脳じゃなくて説得じゃないか？」と思った方もいるかもしれませんが、本などでよく使われる定義は、だいたいこんなものです。「洗脳」という言葉は一部のカルト教団の暗躍や漫画・ドラマなどにより過大評価されすぎている節があります。

がっかりさせてしまったでしょうか？

ですが、この定義ならちょっとはできそうじゃないですか？


何かを学ぶ時には、この感覚が大切です。

同じ授業を受けていても、親戚やクラスメイトがバンバン東大に入っていて「自分も東大に行こっかな〜」と思って授業を受ける生徒と、「東大なんか特別な人が行くところだから自分には関係ない」と思って授業を受ける生徒では成績の伸び方がまったく違います。


実は僕も親からある種の洗脳を受けていました。

僕の実家は、「うちからはコンビニに歩いて行けるんだぜ」で小学校の6年間マウントを取り続けられるくらいの田舎にあり、今のご時世では逆に珍しいですが、親戚に大学を出た人が一人もいませんでした。

父からは「大学は行けるだけですごい。正月の駅伝に出るような有名大学は貴族がくったイメージを植えつけられていました。

これは父の「恐れ」による洗脳です。誤解なきように言っておくと、僕の父は本当にいい人です。悪気はまったくなかったはずです。１００％の善意から、東大や医学部に行く人のことを本当に頭がおかしいと考え、「自分の子どもが勉強ばかりして頭がおかしくなったら大変だ」という思いから、我が子を守ろうとしていたのでしょう。

結果として、僕を勉強から遠ざけるような刷り込みをしていました。

僕がどうやってその洗脳に対抗したかはまた別の話で、ここでお伝えしたいのは、僕の親が意図せずして僕を洗脳していたことです。

「相手を自分の誘導したい方向に動かすこと」を洗脳と定義した場合、あなたも気づいていないうちに誰かしらを洗脳していますし、洗脳されています。

人によって程度の大小はありますが、人からまったく誘導されていない人なんて見たことがないです。人間は影響を受けやすいもので、驚くほど簡単に洗脳されます。逆に、洗脳が何かをわかっていない人が、気づかぬうちに誰かを洗脳してしまうこともよくあるのです。

したがって、「洗脳なんか自分にできるかな？」に対する回答としては、「すでにできています」となります。

つまり洗脳をビジネスに役立てるためには、まったく新しい技術を学ぶ必要はありません。**今まで気づかず無意識に垂れ流していた力をコントロールできるようにすればいいだけ**です。

ちなみに僕のバイブルでもある『説得の心理技術』（ダイレクト出版）では、「自分の利益のためだけに相手を動かしたら洗脳（または操作）、相手の利益のために動かしたら説得」という定義がされています。つまり説得も洗脳も使う技術はまったく同じで、どういう意図でやるかで呼び方が変わるというわけです。

同じ技術を解説しても、それが説得の技術になるか洗脳の技術になるかは使う人次第です。本書では説得も洗脳もひっくるめて洗脳として扱いますが、皆さんはぜひ説得のためにこの技術を使ってくださいね。

天才詐欺師の真似は忘年会のスプーン曲げみたいなもの

ハードルを下げるついでに言ってしまうと、ぶっちゃけカルト教団や天才的な詐欺師がやっているような洗脳も、あなたがやろうとさえ思えば意外とできてしまうものが多いです。

なぜなら**彼らは超能力者ではなく、手品師に近いから**です。

手品ってネタを知らずに見ると、まるで魔法ですよね。場合によっては、誰でもできる宴会芸レベルの手品でも、何度見ても見破れなければ魔法のように思えるかもしれません。

しかしネタが知れてしまえば誰でも見破れます。少し練習すれば真似できる手品も多いでしょう。

本当にすごい手品師は、手先が器用で上手に実演できる人ではなく（それも十分すごいとは思いますが）、手品のネタをゼロから考え出せる人です。

同じように、詐欺や洗脳の手口も、最初に考えついた人は本当に天才です。

歴史に名を残す詐欺師の事件を見ると、現代のマーケティングに使われている技術を先駆けて活用している人も少なからずいます。

ですが、そんな歴史に名を残すような稀代の天才詐欺師たちが使っていたテクニックは、今や普通の会社に勤める普通の会社員に新人研修で教えられていたりもします。マニュアルという形になって、アルバイトの学生に使われていることさえあります。

手品の場合は手先の器用さが必要なものもありますが、ネタさえ知ってしまえば誰でもすぐに真似できるものも少なくないです。

同じように、歴史に名を残す天才詐欺師や教祖の心理テクニックも、ネタさえ知ってしまえば即マネできるものがたくさんあります。

もちろん中には簡単にはできないものもあるでしょうが、大半の技術は宴会のスプーン曲げみたいなものです。ちょっと練習すれば誰でもできます。

覚えておいてください。

天才的なノウハウは、考え出した人が天才ですが、使うだけなら誰でもできます。

iPhoneを考えたスティーブ・ジョブズは間違いなく天才ですが、使うだけなら子どもにもできますよね。それと同じです。

さて、ここまで読んでいただいて、洗脳や心理誘導について、あなたが今まで抱え続けてきた印象は多少変わったのではないでしょうか。もしそうであれば幸いです。

しかしここまでの僕の文章を振り返ってみると、決して綺麗ではないですよね。国語的にチェックをすれば間違えている箇所がいくつもあるはずです。

弁解のように思われるかもしれませんが、伝わる文章＝綺麗な文章ではありません。

心理学的に効果的な文章＝国語的に正しい文章ではありませんし、それは普段のコミュニケーションについても同じことです。

要するに「コミュニケーションは要所さえ押さえておけば、細かいところは適当でも大丈夫」ということです。ここから先もこのスタンスは一貫していますので、肩の力を抜いてリラックスしてお楽しみください。

第2章

「洗脳力のある話し方」の秘密

洗脳で一番重要なのは「ポジショニング」

相手の印象を支配する技術

最初に、洗脳力のある話し方で一番重要なコツをお伝えします。


洗脳において一番大切なのは、話術でも目ヂカラでもなく、ポジショニングです。

むしろ話術も目ヂカラも、見た目も、ポジショニングのために存在します。

立場が変わるだけでまったく同じことを言っても印象は大きく変わりますので、コミュニケーションを印象術として語る上でこれほど重要なことはありません。

ポジショニングというのは、文字通り「どんなポジション（立場）を取るか」です。**「この人の言うことは聞いておいたほうがいい。むしろ言うことを聞きたい！」と思わせることが洗脳の最重要ポイント**になります。

自分の立場や立ち位置を有利にするために、自分に有利な発言をすることを「ポジショントーク」と言いますよね。

発言の内容でポジショニングしようとすると「ポジショントーク」と批判されるのですが、見た目・振る舞い・話し方でのポジショニングは気づかれることも批判されることもなく、受け入れられやすいです。

あなたの話を「注意を払って聞くべきだ」と思わせるために、わかりやすいイメージをお伝えしておきます。

それは「この人、めっちゃガチやん」と2秒でわかる人を演じることです。

例えば忘年会で手品をするなら、いつもの職場と同じ髪型・同じ服装のまま披露してもウケることはなかなか難しいでしょう。

しかし、髪型をオールバックでビシッと決めて、タキシードをカッコよく着こなして背すじをピンと伸ばしていたらどうでしょう。

ドライアイスの演出や、世界観を作るＢＧＭなどがあるとさらに効果的です。すると、まったく同じ手品をしても見ている人たちの反応がまるで違います。

しかも服装や髪型をキメることで、あなた自身を変えることにもなります。

「白衣効果」という言葉をご存じでしょうか。

「素人の男性に医者のふりをしてもらう際に、普段着のままよりも、白衣を着てもらったほうが、より医者のような言動をするようになる」という心理効果です。

見た目が変わると、周囲の印象だけでなくセルフイメージも変わります。

「敵を騙すにはまず味方から」という言葉がありますが、もう一段階掘り下げると**「味方を騙すにはまず自分から」**です。

例えば、僕がカレー屋をやるなら真っ先に日焼けサロンに行きます。差別的な意図は一切ありませんが、肌の白い人がやっているカレー屋よりも、小麦色の肌の人がやっているカレー屋のほうが本格的と感じる人は多そうじゃないですか？

マルチ商法などの儲け話をするなら、わかりやすいハイブランドは標準装備です。教祖をやるなら神秘的な格好がいいでしょうし、占い師ならスピリチュアルな見た目がいいでしょう。**ベタですが、ベタというのは誰もが同じようなイメージを持ってくれるので、実に便利**です。

とにかく、形から入ることが大切です。**ポジショニングのコツは「めっちゃガチ」**

と思ってもらえるくらい全力で形から入ることです。

「自分はそういうのと一緒にされたくないから」というエゴは一旦脇に置きましょう。大切なのは、相手がどう感じるかです。

マルチ商法時代によく言われていた言葉を紹介します。

「個性を出していいのは成功してから」

ポジショニングとは？

「この人は注意を払って話を聞くべき人だ」
と思われるポジション（立場）を取ること

講師
というポジショニング

マジシャン
というポジショニング

芸人
というポジショニング

それぞれポジショニングがあるから
人は話を聞こうとする

**ポジショニングを作れば、
相手の受け止め方・信用度が変わる**

うまい話し方は「話す前」に決まる

コミュニケーションの9割は○○で決まる

では、相手を思い通りに動かすための印象術について具体的な方法をお伝えしていきます。

『人は見た目が9割』という本をご存じでしょうか。『人は話し方が9割』という本もあります。『伝え方が9割』という本もあります。どれも素晴らしい本なのですが、この3冊の時点で合計が27割にもなります。

ほかにもAmazonで「9割」と検索してみたら、出るわ、出るわ。9割本のオンパレード。どれだけ極論を展開したいのか。今はまさに大極論時代です。

しかし、先にあげた3冊を読んでみると、結局は3冊とも近いことを言っていることに気づきます。実は「見た目」「伝え方」「話し方」はどれも同じような概念を表しています。

そして、その同じような概念の中核を担うのが、**「メラビアンの法則」**です。ポジショニングを作る上で超重要です。もう、そう言ってほしいですよね。「人はメラビアンの法則が9割」って。まあ、絶対売れないでしょうけど……。

「メラビアンの法則って、そんなの知ってるよ！　もっとすごいテクニックを早く教えろよ」そう思った方もいるかもしれません。

しかし、重要なのです。

では質問です。

あなたはメラビアンの法則を知っていますか？

今、心の中で「知っている」と頷いた人も多いでしょう。では、質問を変えます。

あなたは、メラビアンの法則を説明できますか？

「えっと……、あれなんだっけ？」と思った人が多いのではないでしょうか。

「メラビアンの法則を知っている」という人をグループ分けすると、たぶんこんな感じになります（パーセンテージは適当です）。

・メラビアンの法則という言葉は知っているけど説明できない……90％
・メラビアンの法則を説明できるけど実践できていない………10％
・メラビアンの法則を意識的に活用できている……………………0％

僕は今まで多くの人にプレゼンや話し方の指導をしてきましたが、「メラビアンの法則」という言葉を知っている人はたくさんいても、説明できる人はほとんどいませんでした。ましてやメラビアンの法則を活用できている人なんて、出会ったことがないです。

というのも、メラビアンの法則を十分に活用できている人は、すでにコミュニケーションが達人の域に達しているので僕の指導を必要としません。それくらい強力な法則です。強力でしかも有名なのに、できている人がいないんです。本当にもったいない。メラビアンの法則は教科書に載せてほしいくらいです。

そこで、今からメラビアンの法則を解説します。

覚えてない人は今このタイミングで覚えてください。一生使える知識です。正直これを覚えるだけでこの本を買った価値は十分すぎるほどあります（保険をかけたな！とツッコむのは禁止です）。

7－38－55の法則

メラビアンの法則は「7－38－55の法則」とも呼ばれます。その理由は人の印象に占める割合が左記の通りであることからです。

・言語情報　7％
・聴覚情報　38％
・視覚情報　55％

ちなみにこれは「3Vの法則」とも言われます。言語情報＝Verbal、聴覚情報＝Vocal、視覚情報＝Visualの頭文字からきています。これは別に覚えなくてかまいません。もしあなたが人に指導する立場の場合は、こういう豆知識を披露できるほうがそれっぽく聞こえ、権威性が増すので覚えることをオススメします。大切なのは、次の3つです。

・言語情報が7%しかなくてほとんど重要ではないこと
・聴覚情報が見落とされがちだけど38%とまあまあ大切なこと
・視覚情報が55%で半分以上を占めていること

「人は見た目が9割」というのは、視覚と聴覚を合わせて「見た目」としているわけです（聴覚を見た目に含むのは若干無理がある気もしますが）。「人は話し方が9割」というのは、「話し方」に視覚情報・聴覚情報を含んでいるわけです。

そして僕も同じことを言います。話す内容をいくら変えたところで、話し方は上手になりません。だって7%ですよ？　言葉の使い方なんてどうでもいいのです。**大切なのは、どんな見た目の人が、どんな振る舞いで、どんな声の出し方で話すかです。**

もしも、あなたがコミュニケーションを上達させようと思って、「正しい日本語の使い方」や「人の心を動かすフレーズ集」とかを学んでいたら、残念ながら無駄無駄無駄無駄無駄無駄無駄ぁ！と言わざるを得ません。それくらい無駄です。

フレーズで人の心は動きません。本であれば文字という視覚情報に頼るしかないので、どんな言葉を使うかは大切ですし、名言の効力も際立つかもしれませんが、こと会話において言葉のチョイスはあまり重要ではありません。なんせ7％ですから。

それなのに「自分は話が苦手、口ベタ」だと思っている人には、言葉を気にする人が圧倒的に多いのです。

「自分は口ベタだからすらすら話せるようになりたい」

「言葉が出てこないからなんとかしたい」

これは美味しいカレーを作ろうとしている人が、福神漬けにコストを全振りするようなものです。

ちなみに視覚情報55％を本ではどうやって表現するかというと、挿絵《さしえ》を入れたり、今みたいに例え話（先程のカレーと福神漬けの話）を入れたりすることで補えます。イメージが相手の頭に浮かんだら、それは視覚情報を使ったも同じです。電話やラジオでも同様です。上手な落語家さんの音声を一度聞いてみてください。落語家さんの話は音声を聞いているだけでも情景が思い浮かびます。

大切なことなので、ここでもう一度言っておきます。

「上手に話せるようになりたい」と悩んでいる人は、7％しかない言語情報ばかり気にしてしまっている人がほとんどです。

7％にしかならないところに気を取られていたら、話し方が上達するわけがないですよね。カレー屋さんで福神漬けがどれだけ美味しくても、肝心のルーと具材とライスが不味《まず》かったら美味しいカレーとは言えないはずです。

うまい話をする上で大切なのは、視覚情報（55％）と聴覚情報（38％）なのです。

ブサイクでも
雰囲気イケメンになれ

合コンから目を背けるな

合コンにまつわる、こんな話を聞いたことはありませんか？

「女の子はイケメンの話は目を輝かせて聞いてくれるのに、ブサメンの話には露骨な塩対応をする」

これは女性に限ったことではなく、男性でもそうです。

あなたが上手な話をするためには、興味を持ってあなたの話を聞いてくれる相手が必要です。そこで思い出してほしいのが、この合コンの話です。

人間何するにも、見た目です。ブサイクが知恵を絞って入念に練り上げた渾身の面白話よりも、イケメン（または美女）がテキトーに話す「好きな食べ物」のほうが1000倍の興味を持って聞いてもらえます。

※ここでいう美男美女・ブサイクとは、顔のパーツだけのことを言っているのではなく全体的な雰囲気です。雰囲気イケメン・雰囲気美女には全人類が努力でなれますので悲観せずにこの先を読んでください。

「いや、合コンはそういう場だからだろ！」と思いますか？　往生際が悪いですね。例えば僕の経験だと、マルチ商法でも露骨に見た目の格差が現れます。マルチ商法の中堅リーダーは美男美女率が極端に高いです。

最上位のトップ層はヘッドハンティングなどで決まっていることがあるので、その限りではないですが、たたき上げでのし上がれるのは勧誘や組織作りがうまい、ごく限られた人たちです。

そしてマルチ商法の勧誘能力にはルックスが非常に大きく影響します。特に女性の会員は露骨に成果が変わります。

残酷な事実ですが、見た目に魅力のない女性がマルチ商法を本業にして人生をかけた勧誘活動をするよりも、美女が副業のまま片手間で勧誘したほうが成果は出やすいのです。

さらに勧誘活動だけでなく、ルックスは組織作りにも大いに影響します。

A子「私、B美さんみたいな綺麗な女性になりたいです！」
B美「ウフフ……○○社の化粧品とサプリメントのおかげよ」

こんな会話が繰り広げられることがありますが、あれは嘘です。そもそも美人でないと、リーダーまで上がること自体が難しいのです。

美人は使う化粧品やサプリではなく、生まれ持った顔の作りに加えてメイクのやり方や生活習慣、さらには着ている服などで作られます。

毛玉だらけの服を着てすっぴんに近い自己流メイクのまま毎月数万円のサプリをいくら飲んでも、高いシャンプーや化粧品を浴びるほど使っても、美女に生まれ変わることはありません。

僕自身がブサイク寄りだから言えることですが、ブサイクのまま話を聞いてもらおうとするのは茨《いばら》の道です。

前章で「洗脳は水泳で50ｍを泳ぐくらい簡単」と言いましたが、「ブサイクのまま」という条件がつくと、「全身に１００キロの重りをつけたまま50ｍを泳ぎ切るくらい」の難易度になります。

ブサイクに救いはないか？

とはいえ、悲観する必要はありません。前述しましたが、ここでいうブサイクとは、顔のパーツだけの話ではないからです。

もちろん顔が整っている人は圧倒的に有利ですが、これを読んでいるあなたがどれだけ見た目に自信がなかろうと、ブサイクは直ります。僕も元々ブサイクですし、今までマルチ商法をやってきて、別人のような変身を遂げた男女をたくさん見てきました。

僕はまあまあブサイクのくせに整形はしたくない（でも成功したい）というワガママブスだったので、整形以外のできる努力は惜しみませんでした。

例えば、今までよりちょっと高い美容室で髪を切ったり、髭脱毛をしたり、歯列矯正をしたり、眉毛専門サロンに行ったりしました。結果としてルックス偏差値40くらいから、今は50（偏差値は50が平均）もしくは51くらいにはなれた……と自分では思い込めるくらいにはなりました（急に弱気）。

実際に自分が見た目を改善した経験から、マルチ商法時代には同じように見た目に難がある人に、見た目を変えるようなアドバイスをしてきました。しかし、そんな時に1つ障害がありました。

ブサイクに限って見た目にかける金をケチるのです。

印刷ミスではありません。これくらい声を大にして言うべき真実です。

僕が「5000円の店で髪切っておいで」と言うと、「今まで1000円だったので3000円の店に行ってきました！」とか言い出しやがりなさいます。

そうやって少しずつ言われたことを下方修正した結果、「アドバイス通りにしたのに成果が出なかった」とかほざきやがりあそばされます。性格までブ……、つい言葉が乱れてしまい失礼しました。

こうした経験から、僕は気づきました。

ブサイクは、生まれつきじゃない。その人のマインドが作り上げている。

2021年現在において、科学・芸術は大変な進歩を遂げています。ほんの少しのお金をかければ、誰でもある程度の身なりを整えられるチャンスがそこらじゅうに転がっています。それでも見た目が悪いというのは、もはや本人がチャンスを掴もうとしていないだけです。

一方で、生まれつき見た目に恵まれている人ほど、見た目に気を使い、お金を惜しまない人が多いものです。僕がマルチ商法をやっていた頃、グループの中に芸能人顔負けの美人な女性がいました。

彼女は毎週のように少しずつメイクを変えたり、毎月のように髪色を変えたりしていました。ある日「そんな頻繁に髪色まで変えるのは大変じゃない？」と聞いたことがあります。彼女は何と答えたでしょうか？

ニコッと微笑んで「美人は3日で飽きるって言うじゃないですか」。その時の言い方には、一切の嫌みがなく、「さすがです」と言わざるを得ませんでした。

彼女は僕のダウンライン（会社で言うと部下）でしたが、その美意識の高さには学ぶことがたくさんありました。

さらに男性でも、僕の友達に異常にモテる男性がいます。彼は身長180センチ後半のモデル体型ですが、さらに＋7センチほどのシークレットシューズを履いて190センチ以上に見せています。

「なんで元々背が高いのにシークレットシューズを履くの？」と聞くと、「このほうがよりモテるから」だそうです。

かく言う僕も、アップライン（会社で言うと上司）からは最低3週間に1回、できれば2週間に1回は髪を切るように言われていました。「髪切った？」と人に気づかれないくらい、常にベストな髪型を維持するためです。
センスのない僕が自己流でダサい服を買って来た時には、着ていった初日にその場で捨てさせられたこともありました。

こうして書くとそのアップラインがとんでもなく厳しい人に感じられるかもしれませんが、まったくそうではありません。僕を育てようと思って言ってくれているのが伝わっていましたし、なにより背中で手本を見せてくれていたので、抵抗なく受け入れることができました。

逆にもっと理不尽で厳しいアップラインはたくさんいましたが、面白いことにその人たちは見た目も全然カッコよくなかったです。体型がだらしなかったり、派手なハイブランドに逆に着られたりして、結果下品になっていました。

マルチ商法や商材屋というと、ハイブランドを下品に着ている印象があるかもしれません。しかし、そのイメージは僕が見た限りでは、実力の伴わない人たちが作り上げたものです。実力のない人たちが少しでも自分を大きく見せようとして、ホンモノを下手に真似した結果、やりすぎたり下品になったりしています。

そして世の中には、本物より偽物のほうが圧倒的に多いため、そういうイメージが定着したのだと思います。本当のカリスマは下品でも嫌みでもなく、ただひたすらカッコいいです。

尊敬できるアップラインからは「芸能人並みの見られる意識を持ちなさい」「ホストよりもホストになりなさい」と、そんな言葉をかけられたのを今でも覚えています。

こうした美意識の高い人たちに揉まれて、僕は次のことを学びました。

ブサイクはマナー違反。
ダサいは重罪。

そして、ダサくならないように努力を続ければ「雰囲気イケメン」くらいには誰でもなれることを知りました。

話が長くなりましたが、僕もちょっと前までブサイクな上にダサかったんです。服は適当、体はガリガリ、髭もうっすら青みがかっている、眉毛ボーボー。魅力ゼロです。そんな見た目の人がする話を興味を持って聞いてくれる人はいません。

鼻毛がピロンと出ていて肩にフケが乗っていて、前歯に青海苔ついているメタボのオッサンから、「私は神の代理人です」とか言われても「いや神なら代理人ちゃんと選べよw」って思いますよね。

しかし、今の僕はブサイクかもしれませんが、ダサくはない自信があります。体は引き締まっていますし、髭は脱毛でツルツル、服も自分に合ったものを着ています。世間的な「カッコいい」からは程遠い自覚がありますが、今日の自分が自分史上では一番マシだと胸を張って言い切れます。

見た目に自信がない人は、まず「ダサい」からは卒業しましょう。**そして世間一般**

での美男美女にはなれなくても、自分史上で一番カッコいい、キレイを目指してください。それを続けていれば雰囲気イケメン・雰囲気美女には必ずなれます。

これが、あなたの話に耳を傾けてもらうための一番重要な第一歩です。

「ダサい」から抜け出すチェックリスト

では、具体的に「ダサい」から抜け出す方法をお伝えします。

即効性があるものから順に5つのチェックリストを作りました。男性向けの内容になってしまいますが、女性の方も参考になるところは取り入れてみてください。

□服、靴、鞄のサイズ・組み合わせ ※1

□毎日のスキンケア ※2

□カット5000円以上の美容室に1ヶ月に1回以上通う ※3

□髭脱毛 ※4

□筋トレ

▼※1

重要なのは、①サイズ、②コーディネート（組み合わせ）です。

服装選びに自信がない人もいるでしょう。そういった方がやってはいけないのは、自分で考えて買う・雑誌を参考にする、です。

センスのいい友達と一緒に買いに行ったり、信用できるお店で店員のアドバイスを受けたりして、選んでもらいましょう。一人で買いに行く場合は、マネキンの服を全身そのままのコーディネートで買うのがオススメです。

▼※2

女性はもちろんされている方がほとんどだと思いますが、男性もスキンケアをしてください。洗顔後に、100円くらいのワセリンを塗るだけでいいです。

ただし、ワセリンは塗りすぎるとテカテカになってしまうので注意してください。人差し指の第一関節に軽くつけて手のひらに伸ばし、顔を押さえるように薄く塗るくらいで十分です。

▼※3

500円はあくまで目安なのでお店によりますが、僕の経験則ではその人に似合った髪型を丁寧にカウンセリングしてカットしてくれるラインが5000円くらいでした。

▼※4

髭脱毛は髭にこだわりがある男性以外はぜひやったほうがいいです。髭がなくなるだけで印象はまったく変わります。髭剃りは肌に大きな負担になっているので、髭剃りが不要になれば美肌効果も期待できます。5万~10万円くらいが相場なので、安い買い物ではないですが、社会人であればお金を貯めてやる価値があります。

人生が変わる48時間ルール

「48時間ルール」という有名な法則があります。人のやる気は48時間で消えるため、48時間以内に行動を起こさなければ結局やらないという法則です。もし変化を望むの

ダサいを抜け出す方法

服・靴・鞄の
サイズ、コーディネートを
見直す

スキンケアをする

５０００円以上（目安）の
ヘアサロンで髪を切る

筋トレをする

ダサいをやめれば、信用が生まれる

であれば、先程のチェックリストは48時間以内に実行してください。

「面倒臭いな……」

「どうせやっても……」

「気が向いたらそのうちやろう」

そんな考えは捨ててください。人は、やらない理由を考える天才です。人は変化を嫌います。今面倒だと思ったことは、あなたが変われる可能性の裏返しです。

もしもあなたが「見た目を改善しよう」と思ったなら、今すぐスマホを取り出して美容室や脱毛サロンの予約を入れて、スキンケアのグッズを買うことをオススメします。

今この瞬間以上にやる気が湧くことは、永遠にありません。変わるか・変わらないかを今決めてください。

……とまあ、マルチ商法で決断を促す時は、こんな感じで煽ったりします。ですが、今書いたことは事実ですので、あなたが勇気を持って変われることを祈っています。

どうしても変化をする勇気が湧かない方は、71ページを開いてみてください。きっと、心が痛むはずです。

「どこで話すか」でも
ポジショニングは変えられる

コミュニケーション能力は「場所選び」で測れる

ポジショニングを語る上で、見た目や振る舞いと同じくらい大切なものがあります。それは、場所選びです。

あなたはゲームをやったことがありますか？ゲームによっては、キャラクターが得意なフィールドだと能力が上がったり、技の威力が上がったりします。これは現実世界でも起こりえます。適切な場所を選ぶことであなたのパフォーマンスは何倍にもなります。

仕事ができる人はこの法則を理解しています。

実際に僕は、ビジネスで結果を出している人と会う際にカフェやレストランを指定されて微妙な場所だったことは一度もありません。逆に仕事ができない人は場所選びのセンスがないことが多いです。

マルチ商法でも、会員のレベルによって勧誘に使うカフェは明確に分かれます。

▼ダメダメ：ファストフード店・低価格帯のファミリーレストラン

あなたがファストフード店に入った時に、マルチ商法のプレゼンが聞こえてきたとします。おそらくその人は稼げていません。というか、マルチ商法に限らず情報商材だろうと投資だろうと、初対面の人に稼げる系の話をファストフードの店でしようと考える人はヤバいです。

「ウォーレン・バフェットもマクドナルドが大好きでよく食べているらしいぞ！」とか言わないでくださいね。ここで言っているのは、場の雰囲気の話です。世界屈指の大富豪がマクドナルドを食べていようと、その場の雰囲気が相手にどんな印象を与えるかを考える必要があります。

ファミレスも同様です。高校生がドリンクバー片手に談笑している横で、「タワーマンションに住んでフェラーリ乗ろう」という話をするって、冷静に考えたら違和感しかないですよね。

▼イマイチ：低価格帯のチェーン店カフェ

ほかにいい場所がなければ、時にはチェーン店のカフェになることもあるかもしれません。しかし、ほかの店がたくさんあるのであれば、なるべく避けたいところです。

少なくとも、稼いでいる人が初対面の人にビジネスの話をしそうな場所ではないはずですよね。誘われる側も「場所がチェーンのカフェの時点で気づけ」と思うのですが、1杯200~300円のコーヒー飲みながらされる「ファーストクラスに乗ってスイートルームに泊まった話」も、なかなかに香ばしいものです。

▼普通：落ち着いたカフェ

僕の中ではコーヒー1杯500円以上くらいのカフェが、ビジネスの話をする合格ラインです。ただし都心のカフェチェーンだと、地域によっては高くても席が密集してうるさい店舗もあるので、あくまで目安です。

ビジネスの話をするなら高校生が入りづらいくらいの敷居はほしいところです。

▼すごいかも：ホテルのラウンジ

コーヒー1杯が1000円以上するような場所は、稼げていないマルチ商法や商材屋だと金銭的に利用のハードルが高いため、ここを指定した人は稼げている可能性が高いです。

これは悪用しないでほしいのですが、こういうところを指定すると仮にあなたがそこまでお金を持っていなくても、相手の目には持っているように映るので、信用を得やすくなります。呼ばれた相手が一流ホテルに耐性のない人だと、座った瞬間に主導権を握れます。

第3章

相手に好かれる「話し方」の極意

最初に売るべきものは「媚《こび》」

相手の心をこじ開ける詐欺師のテクニック

まずは手っ取り早く、「この話題さえ選べば話し上手な人になれる！」という話題の選び方をお伝えします。

これはもう話題を選ぶだけですので、誰にでもできますが、抜群に効果的です。

その話題とは、**相手の自尊心を満たすような話題**です。

端的に言うと、会話はまず**おだて・お世辞・ゴマスリから入る**ことを推奨します。

なぜこれだけで話がうまいと思われるかを説明するために、僕がマルチ商法で受けたセミナーのとあるワークを紹介します。

それは、相手を褒めちぎるというワークです。マルチ商法では会ったばかりの人を勧誘するために、相手から良い印象を持ってもらうことを重要視しています。そのため「相手を褒める」トレーニングは多くのグループで取り入れられています。

「ちょっと褒められたからって、簡単に人を信じたりしないよ！」
「お世辞ばっかり言われると、逆に警戒したくなる！」

そう感じる人もいるかもしれません。
しかし、それは褒める側が壊滅的に下手だった場合です。

いや、もっと言いましょう。
仮に褒め方が壊滅的に下手であっても、いざ自分が褒められまくると人は相手を信頼し、心を開きます。

人間は本当に都合の良い話に弱い生き物です。詐欺師に「うまい話」をチラつかされるとコロッと騙されるのは、**理性で否定しても本能が止まらないから**です。

そこで「自尊心」なんていう、お金を払ってでも欲しいものをエサにされたら、人間は驚くほど単純になります。

僕が参加した「褒めるワーク」では、二人一組でペアになり、3～5分の時間を決めて、時間いっぱい相手を褒めちぎります。そのあとで褒めた側が工夫したこと、褒められた側が感じたことを発表する、といった流れです。

二人一組のペアはなるべく知らない者同士で組むので、褒める側も大変です。「部屋が綺麗そうですね」「動物に好かれそうですね」「子どもができたらいいパパになりそう」など、想像を膨らませて当てずっぽうで褒めまくります。

初対面の、よく知らない人にベタ褒めされるので100％がお世辞です。しかし、褒められた側の感想は意外なものでした。

「初対面の人にこんなに理解されたのは初めてかもしれない」
「言われたことが当たりまくっていた」
「気持ち良くなってつい顔の表情が緩んだ」

適当に当てずっぽうで言われた褒め言葉を「自分のことを理解された、見抜かれた」と感じた人がたくさんいて、さらに相手に好印象を抱いたのです。褒めてくれた人のことを「洞察力のある人」とかすごい人だと思い込んだ人も少なくありません。適当にお世辞を言っただけなのに、です。

「本当かな」という人は、一度ワークをやってみると実感できます。ひたすらに褒めちぎられるのは、どんな言葉であれ悪い気はしないはずです。

もちろん、お互い冷め切った表情で「どうせお世辞だし」みたいなテンションでやったら効果はないでしょう。しかし「これはお世辞ワークだから」と意識していない日常生活の中で、感情を込めて褒めちぎられたら、心を開かないほうが難しいです。ぜひ普段の生活でもお世辞を取り入れてみてください。

マルチ商法のカリスマも実践する「媚の売り方」

ここまで聞いて「好きでもない人にペコペコしたり、媚《こび》を売ったりするのは嫌だなあ」と思った人もいるかもしれません。安心してください。僕も同じように思っていました。

断言します。

人に好かれる一番のコツは、全員に媚を売ることです。

僕がマルチ商法をやっていた頃、尊敬するアップラインから教えられたことがあります。それが、**「世の中のすべてに媚を売れ」**です。そのアップラインはさらに上のメンター（マルチ商法の会社を何社か所有しているような表舞台に出てこないレベルのフィクサー）から、この言葉を送られたそうです。

この話はよほどの腹心にしか伝えられなかったそうです。そりゃそうですよね。マルチ商法はほんの数人のリーダーをものすごい数の末端会員が崇《あが》める構造なので、そのリーダーから「私は皆さんに媚を売っていますよ」なんてカミングアウトされたら大事件です。カリスマ性が崩壊します。

その意味では、この教えは限られた人にしか伝えられていない成功の秘訣と言えるかもしれません。

しかし、当時の僕はプライドが高くて、この教えをまったく受け入れられませんでした。「尊敬できない相手には死んでも媚びない」「脱サラしてまで媚を売ったら終わり」くらいに考えていました。

実際には、媚を売ったら終わりどころか、媚を売らなければ始まらないんですけどね。

そもそも、好かれなければ何をやってもうまくいきません。好きな人が言ったことなら、多少筋が通っていなくても受け入れられますが、嫌いな人が言ったことは、仮に筋が通っていても認めたくなくなるのが人間です。

「媚なんか売ったら逆に嫌われるのでは？」という心配は無用です。それは売り方がよほど下手な時だけです。

どんなセールスでも同じですが、三流セールスの押し売りは毛嫌いされます。一方で、一流のセールスは物を売ることで客から感謝されます。

媚を売って嫌われるのは、立場が上の人にしか売らないという理由で下から嫌われるか、媚を押し売りしたことで上から嫌われるパターンに限ります。すべての人に上手に媚を売れば必ず好かれます。

ところで「媚を売る」の「媚」ってなんだかわかりますか？

普段あまり使わない漢字ですよね。文字をよく観察してみると、女偏《おんなへん》に眉《まゆ》と書きます。

実は媚というのは、女性（特に水商売の女性）が男性に愛想を振りまく際に眉をしきりに動かしていた様子から生まれた文字だとされています。昔の男尊女卑の文脈から判断すると、たしかにあまりいい気分では使えない言葉です。

しかし、現代の感覚で考えてみるとどうでしょう。

男性の話を眉を動かしながら聞く女性って、ただの聞き上手な賢い人に思えてきませんか？

後述しますが、人の話を聞く時に、話に合わせて眉を動かす技術は非常に有効です。

水商売だろうと、それ以外の仕事であろうと、当然聞き上手な女性は（もちろん男性も）そうでない女性よりも人から好かれて収入も高くなる可能性が高いでしょう。もしかしたら「媚」という漢字が生まれた男尊女卑の時代でも、眉を動かして話を聞く女性は、それができない女性よりも人気を博して妬まれたことから生まれた言葉なのかもしれません。

「根も葉もないお世辞」は正論より100倍効く

「おしゃれですね」よりも「センスがいいですね」

「そう言われても、うまい褒め言葉が出てこないんだよなー」と言う人もいるかもしれません。

しかし、全然難しく考える必要はありません。

まずは直感や当てずっぽうでいいので褒めてください。

上司でも部下でも、その人のことや、その人がやったことに対してとにかく褒めちぎるのです。どんな適当なことでもいいです。

その際、**一目でわかる外見より、ぱっと見ではわからない内面を褒めるほうが響き**

ます。

例えば、おしゃれなシャツを着ている人には「そのシャツおしゃれですね！」と言うより「そのシャツを選ぶセンスがステキですね」と褒めたり、「部屋も絶対おしゃれですよね」と付け加えたりしたほうが効果的です。もっと飛躍して「雰囲気の良いカフェをたくさん知ってそう」「センスいい買い物ができる人は仕事もできる」「知性が雰囲気ににじみ出ている」など、こういう根も葉もないお世辞が面白いくらい効きます。

高確率で、上司からは「○○君はわかっているね」、部下からは「○○さんって、ほんとよく人を見ていますよね」といった印象を持たれます。

そして人は自分にとって都合の良い話はいくらでも聞きたいので、ぎこちない話し方であっても、真剣にあなたの話を聞いてくれます。

「お世辞を聞いてもらえるのはわかったけど、それ以外のプレゼンとかを聞いてもらえなかったら意味ないじゃん！」

心配には及びません。気持ち良くさせた時点で、相手はすでにあなたの術中に落ちています。

あなたが褒めた相手は、あなたのことを「洞察力のある人」「正しいことを話す人」だと思い込んでいます。**なぜなら、自分を肯定してくれるあなたを「話が下手」「伝わらない」なんて否定すると、せっかく満たされた自分の自尊心をも否定することになってしまうからです。**それだけは何がなんでも避けようとします。

仮にあなたの話がわかりにくかったとしても、聞き手は「わかりやすい話」と思い込むために無意識に頭を使い、理解しようと努めます。

それでなくとも、好きな人の話は好意的に聞けるものです。あなたが相手を肯定しまくっていれば、相手から好かれていますので、一生懸命聞いてもらえます。結局のところコミュニケーションは人気勝負です。

逆をやっている人を想像するとよくわかるのではないでしょうか。いつも人を否定してプライドを傷つけている人は、たとえ正しいことを言っても、その人の意見がなかなか採用されなかったりしませんか？ 覚えておいてください。

コミュニケーションにおいて、「根も葉もないお世辞」は振りかざされた正論よりも100倍強力な真実になります。

もう一度言いますが、褒める内容は適当でいいです。褒められた相手はせっかくの褒め言葉を取りこぼさないように、勝手に記憶を改ざんして「正しいこと」にしてくれます。

⬇

「腹黒」は進化すると、「本当のいい人」になる

これで終わるとあまりにも腹黒すぎる話で終わってしまい、僕の好感度が危ぶまれますので1つ補足をしておきます。

お世辞でもいいから相手を褒めようとし続けると、自然と人のいいところを見つけることに意識が向きます。しだいにお世辞ではない「本当の長所」に、たくさん気づけるようになってきます。

「思っていなくても適当でもいいので褒めましょう」は、あくまでも誰でもできるようにハードルを下げるために言った言葉です。「思ってもいない褒め言葉」より「本心から出る褒め言葉」のほうが、効果が高いことは間違いありません。

本心からの褒め言葉をたくさん言える人は、腹黒ではなく、ただのいい人です。面白い発見なのですが、**腹黒は進化すると「本当のいい人」になります。**

僕の好きな言葉を紹介します。

Fake it, until you make it.

（ふりをし続けなさい。あなたが実際にそうなるまで）

お世辞は騙すわけじゃなく、相手に喜んでもらうための「おもてなし」の一種と考えましょう。小馬鹿にするために思ってもいない褒め言葉を言い続けるのではなく、相手のいいところを発見する練習としてお世辞を活用してください。

天才的褒め上手になる方法

「褒める」は、カウンターで打つのが一番効く

「褒めるのがいいのはわかったけど、どう褒めていいかわからない」

「最初の一歩が踏み出せない」

と思った方もいますよね。

そこで、**誰にでも使える効果抜群で、使うだけであなたの評価を高める褒め言葉を**3つ紹介しておきます。


ただ、1つだけお願いがあります。僕と会ったことがあったり、今後会うことが

あったりした時に、僕にこの言葉を使われても「どーせ思ってもいないんだろ？」とか思わないでください（笑）。

・天才！
・頭いいですね！
・絶対成功するよ！

この3つの言葉は本当に便利です。3つだけで全人類の自尊心を満たせると言っても過言ではありません。

相手が自分自身をそう思ってなくても大丈夫です。例えば、「頭いいよね」と言って「いや、俺は頭悪いよ。学校の成績も良くなかったし」とか返されても大丈夫、むしろチャンスです。

「学校の成績なんか関係ないでしょ。実際話をしていて頭いいと思ったから、やっぱ○○（名前）は頭いいんだよ。俺は前から思ってたよ」

こんな感じで返せばまさにボクシングのカウンターのように効いて、通常の褒め言葉以上に相手を気持ち良くさせられます。

「俺のことをそんなふうに見てくれているのか」「こいつには敵わないな」こう思ってもらえること間違いなしです。

明らかに「バカだなあ」と思うことがあっても、「〇〇はやっぱ天才だな」と言いましょう。決してバカにしようと言っているわけではありません。「バカだな」と思う時は、相手の行動が自分の理解を超えている時です。もしかしたら、本当にあなたが気づいていないだけでその人は天才かもしれないのです。

もし仮に本当にその人がバカだったとしても、バカにバカと言ったところで恨みを買うだけです。誰かをバカにすることで、あなたのことを「賢くて立派だ」なんて思ってくれる人はいません。

後輩がどうしようもないミスをした時には、

「〇〇は大物だなー。将来は絶対成功するよ」

こう言いましょう。1ミリもそう思ってなくて結構です。

ピグマリオン効果

「そんな甘やかしたら後輩が育たない」と思いますか？　実は逆です。

ピグマリオン効果という心理効果をご存じでしょうか。

ピグマリオンは、ギリシャ神話に登場するキプロスの王様です。彼は王様であると同時に彫刻の名人でした。ある日、自らが象牙で作った女性の像に恋をしてしまい「これが本当の人間であったら」と願うようになりました。これを見かねた愛の女神アフロディーテが彫像に命を与えて人間にした、というお話があります。

この神話が転じて、「期待し続けることで良い成果が生み出される現象」をピグマリオン効果と呼ぶようになりました。ピグマリオン効果は単なる迷信ではなく、心理学者のローゼンタールによって実証されています。

ある学校で、生徒をランダムに2つのグループAとBに分けました。教師には「集団Aは成績が伸びやすい生徒を集めています」という嘘の情報を伝えます。そうして指導をした結果、ランダムに分けたはずの集団Aは、集団Bに比べて成績の伸びが良かった、という結果になりました。

ローゼンタールの論文によると、①学級担任が期待を持って生徒と接したこと、②生徒が期待されていることを意識したこと、という2つの要因が成績の向上につながったと報告されています。

ピグマリオン効果については「期待を押しつけてしまうと逆効果になる」などの注意点もありますが、「相手の主体性を損なわない範囲での期待はパフォーマンスの向上に効果がある」と言われています。

つまり、部下や後輩に対しても、やる気を損なわない範囲でその気にさせることはパフォーマンスの向上が期待できます。

ちなみにここまで話しといてなんですが、一言で表すと「豚もおだてりゃ木に登る」という言葉になります。

言っていることはほぼ同じなのですが、人にマネジメントを教える時などは、ピグマリオン効果の話をしたほうがそれっぽく聞こえて受け入れられやすいです。

⬇「褒めてばかりいたらダメになる」は嘘

さて、話を戻します。

部下や後輩がミスをした時には1ミリもそう思ってなくて結構ですので、「○○は大物だなー。絶対成功するよ」と言ってください。

もちろん本人がミスに気づいていない場合は教えてあげる必要がありますが、本人に自覚があるなら責める必要はありません。責めなくとも人は勝手に反省します。上司や先輩が思っている以上に、部下は意外と自分で反省しているものです。

「いやいや、うちの部下はどっからどう見ても反省してないんだよ！」と思いましたか？　ご安心ください。きっと、あなたが多数派です。僕もマルチ商法をしている時、「この人は全然反省しないな」と思ったことが何度もあります。

しかし、そこで怒って事態が改善したことは一度もありません。短期的に見れば怒った直後は行動が改まることもありますが、すぐに戻ります。そしてまた怒る。これを繰り返していると部下との関係性は崩壊します。

「なにやってんだよ！　こんなこともできないのかよ」なんて言ってしまった日には、後輩のプライドはボロボロになり、立ち直れなくなるかもしれません。少なくとも、確実にあなたのことが嫌いになります。

「怒る」という手段は幼稚園児でもできるくらい簡単ですが、怒って解決することなんてほとんどないのです。楽して事態を好転させようとしても、そう都合良くはいきません。

逆に、期待を寄せることは難しいですが、長い目で見ると効果的です。上司や先輩がやるべきは、その後輩が「次こそは」とすぐに前を向いて進めるように励ますことです。

「君は成功するよ」と言ってあげれば、後輩はその先輩を好きになり、器の大きさに憧れを抱くかもしれません。「尊敬する先輩のためにも、今度はつまらないミスはしないぞ」と思ったり、ひょっとしたら自信をつけて本当にそのうち成功することだって考えられます。そうなったらあなたは恩人として感謝されるかもしれません。

褒めてダメになる人はいません。もしあるとしたら、褒める側の態度やほかの指導に問題があるだけです。「褒めてばかりいたらダメになる」という言葉は、褒める度量のない人が、短気な自分を正当化するために作った妄言なんじゃないかと僕は思っています。

僕が今までの人生から見いだした教訓をシェアしておきます。

思ったことをそのまま口に出すと嫌われます。
思ってもない褒め言葉を口に出すと好かれます。

一撃で相手に好かれる「ギャップ褒め」

前提として人は褒められるのが大好きなので、テキトーに褒めても効きます。しかしせっかく褒めるなら、より効果的な方法で褒めたいですよね？

特に日本人は人を褒めるのが苦手な人が多いので、うまい褒め方が思いつかないという方もいるのではないでしょうか。

そんな方にイチ押しの強力な褒めテクニックが、「ギャップ褒め」です。

これは「相手のギャップを褒める」という意味ではありません。**「ギャップのある態度で褒める」という意味です。**ギャップを使うのは「褒める立場のあなた」です。

例えば先程の、上司が部下を指導している時に「君はここについてどう思う？」と聞いて、部下から回答が返ってきたとします。部下のアイデアなんて上司から見たら拙い考えだと思えることも少なくないはずです。しかし部下もそんなことはわかった上で、勇気を持って意見を言ってくれたのかもしれません。そこを逆手に取ります。

「ええと……自分は、こう思います」

そう言われた直後、ちょっと難しそうな顔で3秒間黙ります。

その3秒間、部下は「ダメだったかな」「怒られるかな？」と不安になるでしょう。

そしてこう言ってください。

「……（3秒）……**お前、頭いいな**」

クリティカルヒット！　この瞬間、あなたの好感度は爆上がりし、部下はあなたの従順なる僕《しもべ》になります。というのは大袈裟ですが、好感度が急上昇すること間違いなしです。

「ギャップ褒め」

褒める時は、**怒ったようなギャップのあるテンションで褒める**と抜群に効きます。振り子を大きく振ろうと思ったら、まず反対側に大きく引っ張るのと同じような感覚です。例をお見せします。

友人A「ねえ、この問題ってどう解くの？」
友人B「こうだよ」
友人A「わかりやすすぎるわ！ この天才がっ！」

悪い気はしないですよね？
もう1つくらいお見せしましょうか。

女性「（真面目な顔で）ねえ、ちょっといい？」
男性「え……なななななにかな（浮気バレた？）」
女性「今日カッコ良くない？」

一撃で惚れます。
完全に余談ですが、こうやって褒められた時の対応が下手な人多いですよね。日本人は他人を褒めるのも下手ですが、褒められるのも下手です。

女性「今日カッコ良くない？」
男性「え、いや、そんなことないよ（照れる）（え？今日イケるのか）」
女性「（こいつチョロすぎ）」

こうなります。女性から「カッコいいね」と言われたら素直に受け取りましょう。

⬇

恋愛系YouTuberが教える「褒め言葉の返し方」

ちなみにこれを読んでいる男性のために、友人の恋愛系YouTuberの世良サトシさんに、女性から「カッコいいね」と言われた時のモテる返し方について聞いておきました。結果、実際に世良さんが使ったフレーズを5パターン紹介します。

女性「カッコいいね」

①「ありがとう、結婚しよっか」

②「そんなに褒められたら1万円分までおごってあげる（冗談ぽく）」

③「嬉しい。なんかずるい、ドキッとした（笑）。ありがとう」

④「ありがとう。褒められると嬉しいねー。もっと褒めて、ほかには？（笑）」

⑤「褒められると嬉しいね。ありがとう。俺も褒める！　なんて褒められたら嬉しい？（笑）」

ポイントは3つあります。

- **相手が絶対に聞いたことがなさそうなフレーズを使う**
- **堂々と言う。相手が戸惑っても、こちらは堂々とした態度を崩さない**
- **恋愛感情を想起しやすいフレーズ（ドキッとした、結婚、ずるい）を含める**

以上のポイントを押さえることで、自分の印象と恋愛感情とが結びつき、相手の記憶に残せるそうです。恋愛って洗脳ですよね。

話を戻します。ギャップ褒めの派生系で、「ギャップ怒り」というテクニックも使えるので覚えておいてください。

例えば、「バカだな」とか「やめろよ」という言葉を怒った顔や真顔で言ったら、かなりキツい言葉になりますよね。ですが、笑いながら言ったら冗談やツッコミのようになります。

キツい言葉は、笑顔で言うと角が取れて受け入れてもらいやすいです。僕はお客さんにとって耳の痛い話をする時によく使っていました。

「これくらいの金額を自己投資で使えない人が、成功なんてするわけないですよね」みたいなセリフは、笑顔でさらっと言うと上手に煽れます。これを真顔で言うとお客さんが責められているように感じてしまうので、やりすぎになります。

99％の人が興味を持つ最強の会話ネタ

「褒めればいいのはわかりました。しかし、その先に話が続きません」

こういう人もいるかもしれません。基本は褒める話で盛り上がってから、本題に入ればいいのですが、どうしても間を持たせるための話が必要な場面もあるでしょう。

そういうシーンであまりにもマニアックな話や、相手が興味なさすぎる話をしてしまうのももったいないです。

いくらお世辞で好かれたからといっても限度があります。できることなら、褒めたあとの話も相手に興味を持って聞いてもらいたいですよね。

しかし、相手が何に興味を持っているかわからない。そういう時に使える、人類の99％以上が興味を持っているネタをお伝えしておきます。

それは、**自分自身に関わること**です。

例えば、昔流行った詐欺の勧誘で「無料で手相を見ています」と声がけする手法がありますす。この声がけは実に理にかなっています。

なぜなら手相を見ることで、相手の運命について話を聞いてもらえることになるからです。自分の運命に興味のない人はほとんどいません。だから「無料ならいいか……」と初対面の人の話を聞く気になるのです。

詐欺が流行りすぎたせいもあって、今ではいきなり手相を見るなんて言ったら引かれるかもしれませんが、手相でなくても占いのウンチクくらいは世間話程度に覚えておくと役に立つことがあります。

占いに興味がないと言う人もいますが、「興味ない」と言いつつも、自分の運勢については「とりあえず聞きたい」くらいの興味を示すことは多いです。

しかし、ビジネスの場などでは占いの話をしづらい相手もいますよね。そういう場合は、相手の仕事・趣味・服装などに関する話題を選ぶようにしましょう。

特に好かれたい人がいる場合、その人について事前に調べておくことは非常に有効です。話題選びに限らず、相手について知っていることが伝わると、それ自体に親近感を高める効果があります。

ここで逆をやってしまう人がすごく多いので注意してください。人に好かれようとすると、つい自分を知ってもらおうとして、自分の話ばかりしてしまう人が多いです。

これは間違いです。中には照れ臭かったりプライドが邪魔したりして、相手について知っていることすら「あ、そうだったんだ」なんて知らないふりをする人がいますが、本当にもったいないです。

忘れないでください。**人は他人のことより、自分のことに興味がある生き物です。「あなたが何者であるか」よりも、「自分があなたからどう見られているか」のほうに興味があります。**

悪魔的話術「共感逆マウンティング」

自分を知ってもらおうとする前に「相手についてこれだけ知っていますよ」と話したほうが圧倒的に親近感を抱かれやすく、結果としてあなた自身にも興味を持ってもらえます。そして相手について知っていることを伝えようとすると、自然に相手の興味のある話題に入れます。

例えば、話の入り口として、こんな感じのテンプレを使うと便利です。

「○○さんは、ピアノをやられているんですよね。僕は子どもの頃にやっていてすぐやめてしまったので、15年もピアノを続けられているなんて尊敬します。どんな曲を弾かれるんですか？」

このピアノがゴルフの場合はこうなります。

「○○さんは、ゴルフをやられているんですよね。僕も以前、打ちっぱなしだけやったことがあるんですが、全然飛ばなかったんですよ。どうやって上達したんですか？」

ダイビングの場合だと、次のようになります。

「○○ちゃんて、ダイビングのライセンス持っているんだよね！　僕も前にやったことがあってめっちゃ感動したんだけど、ライセンスは持ってなくて。取るの大変じゃなかった？」

相手の趣味を知っていることを伝えて、自分もやってみたけどあなたに比べたらまだまだだから教えてほしいと伝えるのです。

そして勘の良い人は気づいたかもしれませんが……これ言うと僕の好感度がすごく下がりそうなんですが……、でも今回はブラックな使えるノウハウを隠さず公開するコンセプトなので言っちゃいますね。

ぶっちゃけ、ピアノもゴルフもダイビングも一切やったことなくても、「昔やったことがあるんですけど」のテンプレは使えます。

もちろん嘘は良くないので、皆さんはいろんな時に話題にできるように、いろんな経験をしておきましょうね!! しかし、世の中の営業職やナンパ師や詐欺師の中には、嘘を交えてでもこのテクニック使っている人が絶対います。

※僕はこう見えて嘘をつくのが嫌いなので、多くの人が趣味にしてそうなことを大体かじっており、嘘ついてまでこのテクニックは使っていません。でもこの本を読んで「そう言いつつこいつは絶対嘘ついても使っているな」とか邪推する人いますよね。ぴえん。

「嘘をつきたくない」という綺麗事を抜きにしても、やはり本当に体験しておいたほうがリアリティもあり、話題も広げやすいので、ゴルフやらダイビングやら、ありがちな趣味は一度かじっておくと便利です。

また、初対面でテンプレを使えなくても、本気で気に入られたい相手なら、初回で聞いた趣味などを2回目に会うまでにやっておくことも非常に有効です。

共感逆マウンティング

上司

週末ゴルフ
行ってきたんだ
え！
ゴルフされるんですね！
私もゴルフが好きで
キャラウェイの新作ドライバー
使いました？すごくいいんですよね。
そういえばアイアンも…

自分の知識でマウントを取るのは NG

週末ゴルフ
行ってきたんだ
え！
ゴルフされるんですね！
前、僕も一回打ちっぱなし
に行ったんですが、全然
飛ばなかったんです。

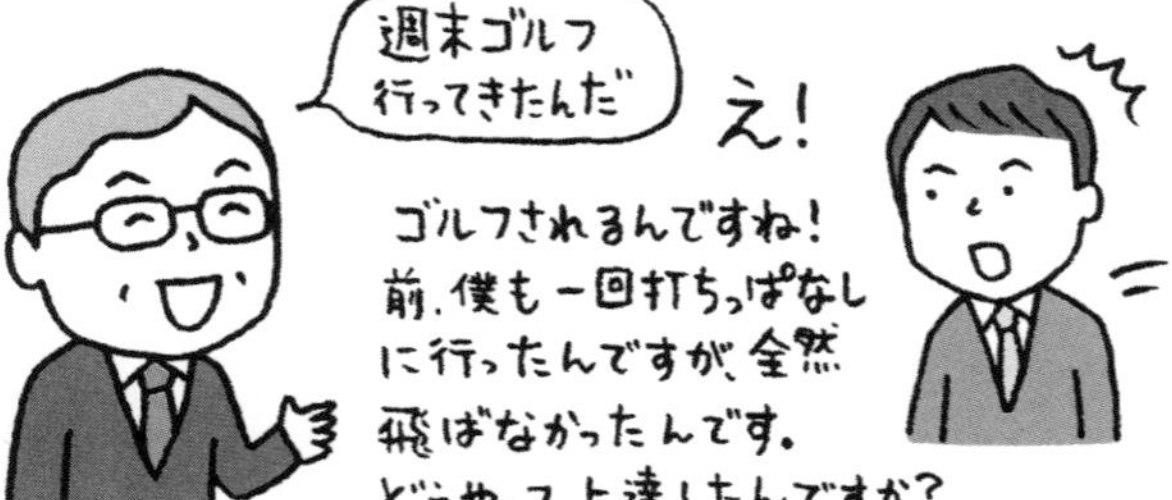
どうやって上達したんですか？

共感×相手を上にさせる一言

「先日、ゴルフのお話を聞いて、僕もやってみたのですが、全然思うようにまっすぐ飛ばなくて……」

などと伝えれば、相手は超気持ちよく教えてくれることでしょう。

このテクニックの良い点は、次の2つです。

①共通の趣味を持っていることで親近感を抱かれる

②相手に気持ち良くマウントを取らせる

特に重要なのが②です。

趣味についてマウントを取って自慢げに話すって、誰にとっても気分のいいことです。相手と共通の趣味を持っている（少なくとも相手の趣味に対してあなたも興味を持っている）ことを伝えつつ、さらに相手にマウントを取らせてあげられるテンプレは悪魔的に強力です。文字通り鉄板ネタになります。

初対面の相手にやるべき2つの話し方

しかし、どうしても相手について事前にリサーチできない時がありますよね。その場合は短い会話から趣味を引き出せればいいのですが、それが難しいと感じる人もいるでしょう。

そんな時は2つ対策があります。

1つは、**相手の見た目から話題を展開する**ことです。趣味といえば旅行・読書・ダイビング・ゴルフ・食べ歩きの5つで世の中の大半の人をカバーできるのと同じように、見た目のネタもよくある2~3パターンを押さえれば大概の人はカバーできます。

例えば、スーツを着ている相手とよく会う場合は、ネクタイやスーツについて調べておくと良いです。

ただしあくまでも話す主体は相手です。知識でマウントは取らずに、いかにして気持ち良くマウントを取らせるかが重要であることは忘れないでください。

仮にあなたがネクタイに詳しくなったとして「その柄はこの結びのほうがよくて……」みたいな話をしてはいけません。


「そのネクタイのメーカーって△△ですよね。なかなか身につけている人いないのですぐわかりました。○○さんってオシャレですよね。普段どんなところで服を買っているんですか？」

などと、相手が話の中心になれるように話題を振ってみてください。

ほかには、時計・服の色・ユニクロなど有名ブランドのラインナップなどが共通の話題にしやすいです。

・時計
「その時計、○○ですよね？実は密かに憧れてたんですよ。時計お好きなんですか？」

・**服の色**

「緑の差し色を入れるなんて、センス良すぎですね。僕は同じような服ばかりになってしまって……そのセンスはどうやって身につけたんですか？」

・**ユニクロなどの有名ブランド**

「それどこで買ったんですか？（それユニクロですよね？と聞いてもっと高いブランドだったら失礼なので、ユニクロとわかっていてもそう聞く）」

「（ユニクロですよ、と返ってきてから）そうなんですか!? めっちゃ高いブランドかと思いました。ユニクロをカッコよく着こなせる人が一番オシャレですよね。どうやって服を買ったらオシャレに決まるんですか？」

こんな感じで話題を振ってみてください。相手を中心とした会話が展開できるはずです。文字として見ると白々しいお世辞だと感じてしまうかもしれませんが、コミュニケーションの入り口としてはこれで十分です。

そして見た目以外のもう1つの対策が、**万人受けするネタを使う**ことです。話のテーマには、十中八九、誰に話しても興味を持たれるネタがあります。

例えば僕は心理学のネタをよく使います。人間の心理を知ることは、自分自身を知ることにつながったり、「モテたい・よく見られたい」という人の根源的な欲求を満たすことにつながったりするので、興味を持って聞いてもらえることが多いです。

ただし、どうしても自分のほうが詳しいネタだと一方的に話してしまいがちなので、そこは注意が必要です。

一方的に話してしまわず、「親近感を抱かせるためには、自分の話をするのと、相手について知っていることを伝えるのではどちらが効果的だと思いますか?」みたいに話を振りながら展開すると盛り上がりやすいです。

第4章

思い通りに人を操る「伝え方」の極意

話を一瞬でわかりやすくする「魔法の言葉」

この章からは「伝え方（何をどのように言うか）」を中心にお伝えしていきます。

ありがたいことに僕は「話がわかりやすい」と褒めていただくことがあります。

そう評価していただける大きな要因に、「ある魔法の言葉」をさりげなく使っていることがあります。

たった一言付け加えるだけで、誰でもわかりやすい話ができてしまう必殺の殺し文句をお伝えします。今日から使えて、誰が使っても圧倒的な効果を発揮します。

ではいきますね。

「わかりやすく言うと、〇〇みたいなものです」

「わかりやすく言うと、○○みたいなものです」

あまりにも重要なので3回言いました。この言葉だけは覚えてください。

あなたが「わかりやすく話せるようになりたい」と思っている場合、実用性だけで言えば、ほかの情報すべてと同じくらい価値があります。「これだけは覚えてくださいとか、これだけでいいです、とか多くね?」というツッコミをする暇があったら、とにかく覚えてください。

「これだけは覚えてください」が多すぎる点に関しては、決して誇張ではありません。

本当にたった1つでコミュニケーション能力が大きく変わるようなテクニックをこの本にすべて詰め込む気で書いているので、必然的にこうした表現が多くなってしまいます。

実はこの本の裏テーマは読者のあなたをオーバースペックにすることです。

もしかしたらあなたは「ちょっと会話がうまくなりたい」くらいに思ってこの本を手に取ったかもしれませんが、そんなあなたを「気づいたら話術で人を洗脳できる達人になっていた」という状態にするつもりで原稿を書いています。

わかりやすく言うと、運動不足解消を目的にジムに通い出したあなたを、バレないようにオリンピック選手に仕立て上げるようなものです。

……という具合に「わかりやすく言うと、〇〇みたいなものです」はこうやって使います。使い方をお見せしたところで、なぜこのフレーズが最強なのかを説明します。

まず「わかりやすく言うと」を使うと相手に暗示をかけられます。

「わかりやすく言うと」と言われると、「今からされる話はわかりやすいのか。じゃあ納得しないとな」と無意識に考えてしまうものです。

「そんな単純な！」と思うかもしれませんが、洗脳とはこういった単純なテクニックの積み重ねにすぎません。人は簡単に暗示にかかります。

そのあとの「〇〇みたいなものです」も強力です。「みたいなもの」とフワッとさせると、正確に理解できなくても「なんとなく」わかった気になれます。そして「なんとなくわかった」は無意識下では「完璧に理解した」と混同されます。

さらに念を押したい人は「わかりやすく言うと、〇〇みたいなものです」のあとに、「なんとなくわかりましたか？」と付け加えてください。

「なんとなくわかりましたか？」と聞けば、99％の人はよくわかってなくても「なんとなくわかりました」と答えます。

人は誰しもバカだとは思われたくないものです。「わかりやすく言うと」と説明してくれた相手に「なんとなくわかりましたか？」と聞かれて、「いや、なんとなくすらわかっていません」と言う勇気はなかなか持てません。

だからこそ人は無意識に嘘をつきます。あなたに対してではなく、自分に対しての嘘です。よくわかっていなくても「なんとなくならわかったよな」と自分自身に言い聞かせて、わかったテイで済まそうとします。

保険や金融商品では、悪徳な売り方をするセールスほどこういうテクニックを多用します。わざと複雑な単語を使ったり、素人にはわからない話をしたりして、最後に「なんとなくわかりましたか？」と聞けば、都合の悪い話を顧客にスルーさせつつ、説明義務を果たせてしまいます。

「この保険商品は、わかりやすく言うと『金利が高い銀行預金』みたいなものです。なんとなくわかりました？」

こんなセリフには注意してください。「金利が高い銀行預金」なんて、そんな都合のいい金融商品はありえなくて、どこかにリスクが潜んでいるわけなのですが、「みたいなものです」と言われると、いいことずくめのステキな商品に思えてしまうから不思議です。

この「なんとなくわかりました?」というフレーズも、魔法のように便利な呪文なので覚えておいてください。ぶっちゃけ、「論理的に話すための方法」とか「話を整理するフレームワーク」を学ぶより、手っ取り早いですし、役にも立ちます。

論理的な話し方とか、○○フレームワークみたいな考え方って「本として読んだ時には理解できたのに、実戦では使えなかった」というような経験はありませんか?

これも「なんとなくわかった」ことを「完璧にわかった」と錯覚してしまっているから使えないのです。「なんとなくわかりました?」というフレーズ1つ覚えたほうが「論理的な話し方のコツ」よりも手っ取り早い上に100倍役に立ちます。

脳内情報を書き換える話術

第2章でメラビアンの法則について解説したのを覚えているでしょうか？　一旦復習しましょう。

・言語情報　7％
・聴覚情報　38％
・視覚情報　55％

この順でしたよね。言葉よりも視覚情報が大切で「本で視覚情報に訴えるには挿絵や例え話が大切」とお話ししました。本に限らず、例え話を効果的に使うことで、文字を伝えながら聞き手の頭の中に映像（視覚情報）を再生させられます。

この「例え話」は、とにかく重要です。アンパンのゴマ程度に考えている人がいたら、考えを改めてください。例え話は、アンパンで言うとパンくらい大切です。

普段から僕の動画を見てくださっている方は、毎回のように例え話が出てくることに気づいているでしょうか？　この本でも例え話はかなり多いですよね。例え話をたくさん入れているのは、決して文字数を稼ぎたいわけではありません。

この本の内容を「いいこと書いてあったわ……けどなんだったっけ？」で終わらせず、皆さんの頭の中に刻み込み、実際にノウハウを使っていただくために例え話を入れています。主な狙いは次の3つです。

①わかりやすくして理解を深める
②記憶に定着しやすくする
③単純に楽しく読んでいただきたい

①「わかりやすくして理解を深める」という効果は、なんとなく理解していただけるかと思います。スポーツでも音楽でも、うまい指導者は「例え話」を巧みに挟むものです。

例えば、吹奏楽で楽器の吹き方を教える時に「腹圧を保ってください」と言うのと、「お腹に力を入れっぱなしにしてください」と言うのと、「咳《せき》をしてみて。今お腹に力が入ったのわかる？　その咳をして力が入った状態のお腹をキープしたまま吹いてみて」と言うのでは、同じ指導でも生徒の上達度合いがまったく変わります。

例え話を使うことで、聞き手の理解は全然違うものになるのです。

もう1つ重要なのが、②「記憶に定着しやすくする」という効果です。実は、学習効率においてもメラビアンの法則は当てはまります。

視覚情報 ＞ 聴覚情報 ＞ 言語情報

この順で記憶に残りやすいのです。

⬇ 言葉よりもメロディー、メロディーよりも映像

では、突然ですが、皆さんが子どもの頃に流行った歌を思い出してください。なんでもいいです。僕と同世代の方なら「オレンジレンジ」や「モーニング娘。」が思い浮かぶかもしれません。その歌を歌っているアーティストの曲をなんでもいいので3曲歌ってみてください。

こう言われた時に、「メロディーは忘れたけど歌詞なら正確に覚えている」という人はいませんよね。ですが、逆に「歌詞は忘れたけどメロディーは覚えているから鼻歌なら歌える」という人はたくさんいませんか?

言葉よりも、メロディーのほうが記憶に残りやすいのです。

視覚情報はもっとすごいです。

例えば、10年前に読んだ本のページをパッとみて、その本を読んだことがあるか気

づくには時間がかかりますよね？　もしかしたら最後まで読んでも気づかないこともあるかもしれません。

しかし、絵ならどうでしょう？

小さい頃にちょっと見かけただけの絵でも、数秒で「これ見たことある！」と気づく人は多いはずです。名言を忘れることはあっても、モナリザなどの名画を忘れる人はめったにいません。

そもそも、あなたはダ・ヴィンチの「モナリザ」をじっくり見たことはありますか？　絵画を勉強していた人でもない限り、ほとんどの人は「モナリザ」を瞳に映した時間なんて生涯でも数分程度のはずです。ムンクの「叫び」にいたっては、生涯で数秒しか見たことがないかもしれません。しかし、一瞬で気づくはずです。「あ、見たことある！」「知ってる！」と。

事実、今「モナリザ」「ムンク」という単語を見た瞬間、無意識に「モナリザ」や「叫び」の絵を脳内で思い浮かべませんでしたか？

ちなみに、正式には、モナリザは「モナ・リザ」と表記します。

美術の時間で習ったはずですが、「モナリザ」と響きで覚えてしまうので、「モナ・リザ」という表記のほうに違和感を感じる人も少なくないはずです。言語情報は本当にアテにならないでしょう？

だからこそ、印象づけたいことを伝える時は、必ず例え話を入れて、相手の脳内に映像を再生させることが大切です。

スライドを使ったプレゼンで覚えてほしい話をする時には、文字だけのスライドではなく、必ず画像を使ったスライドを表示してください。

話を映像化して、脳に刻み込む方法

資格試験の勉強などで何かを記憶したい時は、視覚情報をうまく利用すると効率よく学習できます。記憶する時は、必ず文字ではなく映像で覚えるのです。

とはいえ、いちいち絵を描く必要はありません。もちろんササッと描ける人は描いてもいいですが、覚えたいことすべてを絵にしていたら時間がかかります。

ちなみに僕は信じられないくらい絵が下手なので無理です。

ではどうするかと言うと、頭の中で映像を思い浮かべるのです。特に物事を関連づけた映像はインパクトがあって覚えやすいのでオススメです。

ちょっと実践してみます。読者のあなたが100％一生使わない、普通に聞いたら絶対に忘れるような知識を、今から一生忘れないように脳に刻み込んで差し上げましょう。


アームストロング砲という大砲をご存じでしょうか？

名前くらいは聞いたことある人がいるかもしれません。名前にインパクトがあるので、一度聞いたらなかなか忘れませんよね。

アームストロング砲はイギリスで開発された兵器で、日本では幕末に猛威を振るいました。佐賀藩が製造を試みたものの、複雑な構造をコピーできず、失敗に終わったそうです。

「アームストロング砲がイギリスで造られて、日本の幕末で使われて、佐賀藩が造ろうとして失敗した」というのは、おそらく一生使わない知識ですよね。僕も今、Wikipediaで調べて知りました。放っておいたら明日には忘れるでしょう。

この情報をあなたの脳に刻み込みます。

イメージしてください。まずアームストロングなので、アームがストロングな人、腕がめっちゃ太い人をイメージしましょう。それがイギリスで作られたのでイギリス人。ここアメリカと絶対混同しないように注意です。僕の中ではイギリスと言ったら『ハリー・ポッター』なのでハリーにしておきます。

「『ハリー・ポッター』はハリウッド映画だからアメリカと間違えそう」と思う人はマーガレット・サッチャーでもエリザベス女王でも誰でもいいです。とにかく、腕だけがめっちゃ太いイギリス人を思い浮かべてください。とりあえず間をとってここではハーマイオニーってことで話を進めます。「魔法使わなくてもワンパンでヴォルデモート倒しそうだな」っていうくらい、腕だけがハグリッドより太いハーマイオニーを想像してください。

次に「日本の幕末で使われて佐賀藩が造ろうとして失敗した」をイメージします。佐賀と言ったらタレントのはなわさんですね。「ＳＡＧＡ佐賀！」という歌は、きっと聞いたことがあるはずです。このはなわさんも、アームストロング砲を造ろうとしたので腕がめっちゃ太いです。ただ失敗しているので、片手だけにしておきましょう。片腕がめっちゃ太くて片腕がガリガリなはなわさんを想像してください。

最後に「幕末」の要素を入れておきたいので、爆発ってことにしておきましょう。言葉が似てれば、あとで思い出せます。

さてイメージをつなげます。両腕がめっちゃ太いハーマイオニーと、片腕だけめっちゃ太いはなわさんが腕相撲で戦っています。はなわさんは肉体改造に失敗しているので、なぜか細いほうの腕で戦ってボロ負けします（なんでそっちの腕で戦った……？）。

そして、二人の背後で爆発が起きています。

おめでとうございます。これであなたはアームストロング砲について日本人口のトップ1%に入る詳しさになりました。

今日からエマ・ワトソン（ハーマイオニーを演じた人）を見るたびに「アームストロング砲」と「はなわさん」が思い浮かぶオマケつきです。「すぐ忘れそう」って不安な人は、両者の腕をもっと太く想像してインパクトを増やしてみてください。

……そろそろふざけすぎて怒られそうなので本題に戻ります。

「例え話の魔術師」になる方法

なんの話をしていたか覚えていますか？　腕だけマッチョなハーマイオニーは一旦忘れてください（って言われるとつい思い浮かべちゃいますよね）。

「例え話」を使うことで言葉だけでも視覚情報を伝えられて、相手の記憶に残りやすい話ができるって話をしていたのでした。

「とはいえ、例え話ってなかなか難しいんだよね」と感じている人に2つのコツをお伝えします。

まず1つは、得意なもので例えてみてください。慣れてくると、たまに自分でも「どうしてそれを思いついた」とわからなくなるくらいトリッキーな例え話が突然降ってくるようになるのですが、慣れるまでそうはいきません。

そこで、最初は自分が得意なもの限定でいいのでなんでも例えてみてください。野球が好きな人ならなんでも野球に例えましょう。伝わらなくてもいいので、慣れることが大切です。

「四番に代打かよ！」とか「敬遠球でホームラン打ったね！」とかは、野球を知らない人にも伝わる例え話ではないでしょうか。

しかし慣れないうちは「インフィールドフライ取るためにダイビングキャッチして怪我したようなものじゃん！」みたいに、野球やっていた人にしか絶対伝わらないようなマニアックな例えになってもいいです。

知っている人からしたらコアなネタほどウケやすいですし、野球をまったく知らない人からも「いやわかりにくいわ！」と笑いが取れたり、「どういうこと？（笑）」と話題が広がることすらあります。

例えやすいもので慣れてきたら、徐々にほかのことでも例えていきます。楽しんでやっていれば、気づいたら無意識にできるようになります。最初は球の縫い目を見なければ握れなかったカーブが、たくさん投げ込んでいるうちに手元を見ずに投げられるようになるのと同じです。

先程もお伝えしましたが、「例え話」を意識的に使うために便利なフレーズを2つお伝えしておきます。

①〇〇で言ったら

②〇〇みたいな（のような）もの

これらを意識して使うと、「例え話」がしやすくなります。次に使用例と、相手によって詳しさを変える見本もお見せしておきます。

①「〇〇で言ったら」のパターン

・部長って『ハリー・ポッター』で言ったらヴォルデモートだよね。

・部長って『ハリー・ポッター』で言ったらクィレル先生に憑依したヴォルデモートだよね。

後者は、より詳しい描写にしています。会話相手がハリーポッターに詳しいなら、後者のほうが「ただ怖い人」ではなく「怖いけど他人に依存している人」というニュアンスが伝わり、面白みが増します。

②「〇〇みたいな（のような）もの」のパターン

・A君ってエースで四番みたいなものだよね。

・A君ってPL学園時代のマエケンみたいなものだよね。

後者は「エースで四番」の具体例を出しています。会話相手が高校野球に詳しいなら、より具体的な例を出すと盛り上がりやすくなります。

「例え」を使うメリット

新人に営業について教える場合

メニューを考える	材料を揃える	下ごしらえをする	調理をする
=	=	=	=
営業計画	情報・資料を揃える	アポイント段取りをする	営業する会って話す

イメージしやすいもので例えると、
一気に伝わりやすくなる

「You」は常に「あなた」

突然ですが、中学校の英語の授業で「You」を習った時、「あなた／あなた方」と2つの意味を持っていて違和感を覚えた記憶はありませんか？

僕にとっては違和感でした。「それだと相手が一人か複数かわからないじゃん！英語、不便じゃん！」と子ども心に言葉の壁を感じました。しかしこの「You」こそが、あなたの話に人を惹きつける鍵を握っていたのです。

人は他人に興味がありません。そのため、「あなた方（みんな）」に向けた話は他人事として受け取られがちです。他人事になった瞬間、あなたの話はすべて右から左に受け流されます。人は「あなた（自分）」に向けられた話しか、興味がないのです。

だからこそ、「Ｙｏｕ」は常に「あなた」である必要があります。「あなた方」に向けて話してはいけません。

たとえ相手が複数人または大勢いる時にも、「皆さん」や「あなた方」という言葉を使うことをなるべく避けましょう。言葉を言い換えたい時にサブで使う分にはいいですが、メインは「あなた」に向けて話す必要があります。

話が下手な人は１対１で話す時も複数人に向けて話しがちです。

再び中学時代を思い出してください。今度は部活動です。やたらと後輩にうるさいムカつく先輩がいませんでしたか？その人は「あなた」ではなく「お前ら」とか「一年」みたいな複数に向けた言い方をしていませんでしたか？

逆に、人気のあった先生なんかは、「君たち」ではなく「Ａ太とＢ男とＣ郎」といったように、一人ひとり名前で呼んでくれたりしていませんでしたか？

実は「あなた」以上に、効果的な呼びかけがあります。それが、相手の名前です。

人は自分にしか関心がない生き物ですが、逆に自分に関係することについては誰もが地獄耳になります。名前は一種の呪文のように効きます。

あなたも街中で、ふと自分の名前が聞こえてきた、という経験はありませんか？自分に向けて言われた言葉でなくても、同姓同名の名前が聞こえてきた時はなぜか明確に聞き取れます。

「あなたの名前」は、あなたにとって特別な音だからです。

したがって、相手が一人、またはほんの数人の時はなるべく名前を呼び、不特定多数の大人数の時にも「あなた方」「皆さん」ではなく、「あなた」と呼びかけるのがベストです。

毎回「あなた」だと違和感があるという場合は、「ここぞ！」という時だけ誰か一人の目を見て「あなた」を使ってみてください。聴衆はドキッとして、違和感を覚える余裕はありません。

心理ブロックをすり抜ける魔法の言い方

⬇断定を避けることで、相手の心を誘導する

さらに僕がセールスで使っていたテクニックで、マインドコントロールのノウハウを基にしたズルすぎる技をお伝えします。

マインドコントロールでは、相手を思い通りに動かすために、心理的に抵抗が生まれるような言葉を避けます。

基本的に人は自分の考えを持っているので、自分が変わらなければいけないような言葉に対して心理的なブロックがかかります。しかし、ほんの少し言い方を変えるこ

とで相手の心理ブロックをすり抜けることができます。

その言い方とは、**断定を避けて幅を持たせる**ことです。

ここ、逆をやってしまう方が多いので気をつけてください。相手を説得しよう、自分の思い通りに動かそうと思うと、つい強い言葉を使いたくなります。しかし、それは逆効果です。人は断定されると逆らいたくなる習性があります。

例えば、「君は今の会社を絶対に辞めたほうがいいよ！」と言われると、普段「辞めたい」とか会社の愚痴を言っている人でも、「何を！　お前に何がわかる！」と辞めない方向に心が動いてしまうものです。

しかし、「君は今の会社を辞めたほうがいいかもしれない……」と言われたらどうでしょう。「え、やっぱりそうなのかな……」「このまま続けていたらマズイかな……」など、つい考えてしまうものです。

これは相手をその気にさせる時にも効果を発揮します。「君は絶対成功する！」と言うと「そんなうまくいくかよ」「なんか怪しいな」と思えてしまうものですが、「君はすごい成功をするかもしれない……」と言われると「そうなのかな……」「成功できたらいいな……」と想像を膨らませるのです。

この言い方をマスターすると、ちょっとしたほのめかしで、人を思うがままに誘導できるようになります。いえ、言い直します。あなたもこの言い方をマスターすれば、人を思うがままに誘導できるようになるかもしれません……。

さらにこの幅を持たせるテクニックは、話す側のリスク回避にもなります。情熱で売るタイプのセールスマンに多いのが、「絶対大丈夫です」「すごく効きます！」など、勢いに任せて強い言葉で断定してしまうことです。

これは薬機法違反や不実告知など、トラブルの元になりかねません。

曖昧な言い方でも、言い方次第では断定しているように感じさせられます。

「これは10倍の効果があります！」を「これは10倍の効果が期待できます！」「効果が10倍あるようなものです！」という言葉にしても、言い方に自信満々で言い切っている感を出すと、断定されているかのように錯覚します。

さらに心理的なブロックもすり抜けられるので、心のガードをすり抜けて、強力な攻撃をダイレクトアタックできることになります。

どうすれば話に興味を持ってもらえるか？

一瞬であなたの話に注意を向けさせる方法

あなたは、自分が話をしている時に聞き手が明らかに注意散漫になっていたり、「飽きられているな」と感じたことはありませんか？

人前に出て話したことのある人には、聞いている人に寝られたり、ずっと下を向いたまま聞かれた経験があるのではないでしょうか？

人の話をじっと聞くことは、実は話す以上に大変です。

よほどうまく話さない限り、長い話を集中して聞いてもらうことは困難です。もちろんここまで解説したテクニック（「Ｙｏｕ」を「あなた」で統一するなど）を使うことで、この本を読む前のあなたよりは話を聞いてもらえる可能性は上がっています。

しかしこのセクションでは、話を聞いてもらえる確率をさらに劇的に上げるテクニックを紹介します。これも超簡単で効果抜群なので、すぐに使っていただけます。ある一言を付け加えるだけで、聞き手はあなたの話に注意を向けるようになります。

いったいどんな一言だと思いますか？

はい。今お見せした通りです。「え？」と思いましたか？

正解は**「質問を投げかける」**です。このセクションのタイトルにも使っているので、気づいた人もいるかもしれません。

一方的に話をされると、聞き手は思考停止してしまいます。その結果、あなたの話が右から左に流れていくようになります。それを止めるにはどうすればいいかというと、質問を投げかけて頭を使わせればいいのです。

実は、頭を使わせれば使わせるほど、聞き手は集中力を保ちやすくなります。

言われてみれば「なるほど！」と思った方も、今までなんとなく逆に考えてはいませんでしたか？

「なるべく聞き手が理解しやすいように」「負担のないように」そう考えていませんでしたか？

もちろん、複雑な言葉を使うよりも、簡単な言葉を使ったほうがいいです。

難しそうな言葉が出てきた瞬間、聞く気が失せる人は少なくないです。大切なのは簡単な言葉を使いつつ、それでいて聞き手が自ら頭を使いたくなるように仕向けることです。

わかりやすいイメージをお伝えすると、小学生になぞなぞをする感覚を持ってみてください。

誰でもわかるような言葉を使って、その上で考えさせるのです。授業中居眠りしている子はいても、なぞなぞの時間に居眠りする子はいませんよね。

世界一簡単にできる質問話法

「なるほど！　そうか！　でも、疑問を投げかけるって難しそうだな……」

そう思われた方もいるのではないでしょうか。

大丈夫です。誰でも100％使えて、それでいて強力な、丸暗記するだけでいいフレーズをお伝えします。またこのセリフを使わねばなりません。「これだけは覚えてください」。

「あなたはどう思いますか？」

「あなたはどう思いますか？」という言葉は万能です。大概の流れで不自然なくハマります。いや、むしろ不自然でもいいのです。あなたはどう思いますか？

こうやって唐突に「どう思いますか？」と聞かれると、聞き手は「ん？　何について？」「やべ、ぼーっとしてた。聞き逃していたかな」と注意を話し手に戻します。

さらに前述した「あなたは」という呼びかけをすることによって、「どう思いますか？」という言葉自体が聞き流されるリスクを下げます。

1対1や会議のような双方向的なコミュニケーションの場では「あなた」の代わりに「○○さん」と個人の名前を呼びかけてください。

もちろん「どう思いますか？」一辺倒よりも、さまざまな形で聞き手に疑問を投げかけたほうがより飽きられず聞いてもらえます。

それが難しいと感じる人は、まずは「あなたはどう思いますか？」を多用していいので使ってみてください。一方的に話をする時に比べて、聞き手の注意が明らかに逸れづらくなります。

多数の人に話すプレゼンテーションの時だけでなく、1対1の会話でも超有効です。特に上司から部下への指導の際にはぜひとも使っていただきたいです。

上司から部下への指導は、上司からしたら「部下のため」と思って話すものですが、部下からしたら「はい、はい、はい。わかりました。言われなくてもわかっているんで。早く終わってくれませんか？　もう定時過ぎてるんですけど。てゆうか結論まだ？」みたいに思っていたりします。

一方的に話をされていい気分になる人は基本的にいません。

では、そこで**「君はここについてどう思う？」**など、質問を投げかけてみるとどうでしょう？

単に部下が一方的に聞くことに飽きるのを防ぐ以上の効果があります。寄り添っている感が出るのです。

わざとらしくてもいいので部下に「君はここについてどう思う？」と聞いてみてください。そこで出てきた答えがどんなに拙くても、「なるほど……よく考えてるね」など、褒めてあげてください。間違っても「そんな甘い考えだから……」と否定してはいけません。それはもはや犯罪だと心得てください。

褒めてあげると、部下は喜びます。単純ですが、当たり前です。部下の立場を尊重してあげると、上司であるあなたの立場も尊重してもらえます。

「なんだと！　部下が上司を立てるのは当たり前だろ！」とか100年モノのブルーチーズみたいにカビの生えまくった老害発言をする人はいませんよね？

人はみな平等です。部下や上司といった役割は会社から与えられただけで、人としての立場は完全に対等なのです。会社の規則で部下の行動をある程度縛れたとしても、心の中までは干渉できません。好きか嫌いかの強制はできないのです。

部下と良好な関係を築くために上司がやるべき大切なことは……、なんだかわかりますか？　すでにこの本で解説しています。

正解は、媚を売ることです。

僕はサウナが大好きで「サウナは健康にいい合法麻薬」くらいに思っているのですが、**媚も合法的な麻薬並みに人の脳に強烈に作用します**。副作用はありませんので、ぜひとも乱用してください。

「まぬけ」とは間を使えない人のこと

間を使うタイミングを100％見抜けるサイン

本より動画のほうが伝わりやすいのですが、絶対にこれを書かないわけにはいかないというテクニックが「間《ま》を使う」です。

間とは何かというと、会話の途中に挟む短い沈黙のことです。ちょっとした沈黙を挟むことで………聞き手の注意を惹きつけ、集中力を高め、自分の言葉の印象を強めることができます。シューティングゲームをやった経験のある方はわかりますよね。タメてから放つとパワーが上がります。

沈黙の長さは1～3秒くらいで十分効果があります。『クイズ$ミリオネア』の

「みのもんたさん」のようにＣＭを跨《また》ぐほど溜める必要はありません。

使うタイミングとしては、慣れてくると感覚的にできますが、慣れないうちは主に次の２パターンで意識してみてください。

①重要な話をする時
②聞き手の注意力が逸れてしまった時

①はわかりますよね。自分なりに大切なことを言う前に一旦沈黙し、心の中で２秒数えてから言うだけでトークの臨場感がグッと高まります。

②はどう判断したらいいものかと難しく感じられるかもしれません。

しかし、大丈夫です。１００％正確に誰でも見分けられる方法があります。

相手の注意力が逸れた時とは、視線が逸れた時です。

「いや、僕がプレゼンしてる時はみんな終始下を向いて手元の資料を見てるんだけど!?」

そんな人はいますか？　もしいた場合、残念なお知らせをしなければなりません。

・・・(間)・・・あなたの話は、誰も聞いてないです。

人はマルチタスクができません。手元の資料を見ながらプレゼンを聞いている人は、手元の資料しか頭に入っておらず、聞こえてくるプレゼンは耳まで届いていますが、脳には届いていない状態です。

資料を見てもらいたいなら事前に資料を渡して読んでもらうか、一旦話を止めて読んでもらう時間をとりましょう。もちろん、記憶に残してほしくない都合の悪い話をサラッとしたい時には最適ですが……。

話を戻します。前提として、あなたのプレゼン中には、手元の資料ではなくあなた自身に視線が集められているとします。その状態から、聞き手の視線が下に向いてしまったり、自分以外に流れてしまった時に間をとってください。

視線が外れた時は、注意力が切れている以外にも「考える時間がほしい」というサインの時があります。このサインを無視して話を続けてしまうと、聞き手が置いてけぼりになってしまい、あなたの話に納得してもらえなくなります。

聞き手を置きざりにしたまま、あなたが次の段に進んでしまった状態です。

売れない営業の典型的なパターンに、マシンガントーク乱射型があります。本書の冒頭でお話しした若かりし頃の僕もその典型です。

自分が話したいことを聞き手のペースを一切考慮せずに話した場合、最後に「どうですか?」と聞いて「いいお話ですが、ちょっと考えます」と返されるのは必然です。

1つずつ階段を上るように理解・納得を得てこそ、最後に大きなイエス（成約）がもらえます。聞き手に理解の階段を上らせるためにも、視線が外れた時の間は必要です。

そして視線が外れた時にとるべき間の長さは、聞き手の注意が戻る、または考えの整理が済む長さでなければいけません。

「そんなの聞き手の頭の中が見えなきゃわからないじゃないか！」

心配には及びません。**誰でも１００％見抜けるサイン**があります。

聞き手の注意が戻った、または考えの整理が済んだサインは、視線が戻ったタイミングで判断できます。

視線が外れたら黙り、視線が戻ったら話を再開するだけです。教えられたら小学生でもできますよね。これだけのことを徹底するだけで、世の中のマシンガントーク乱射型セールスは劇的に減らせます。

「まぬけ」の語源は、「間が取れない（抜けてしまっている）人」から来ています。

「間が使えない人は間抜け」これも覚えやすいフレーズなので覚えておいてください。

相手に「刺さる」鋭い話の作り方

「剣山と針」理論

話が下手で何を話しているかわからない人は、1文に情報を盛り込みすぎている場合が多いです。ワンセンテンス・ワンメッセージ（1つの文に1つの情報）を心がければ自然と話は伝わりやすくなります。

とにかく一気に伝えようとしないでください。文章は短くするのが基本です。文章を読んでいても、1文が何行にもわたるほど長いと読みづらいですよね。それが話し言葉であれば尚更です。長い文章は聞き手の理解を妨げ、情報を伝わりづらくします。
これもよく使われる例え話があるので、あなたの記憶定着をお手伝いするために紹介させてください。

例え話のタイトルは「剣山と針」です。剣山というのは生け花で使う道具です。針がたくさんついている台で、花を刺して固定できるようになっています。

この剣山の上に手を置いてみたらどうなりますか？ 痛いですよね。ですが、チクリとする程度で、剣山から生えた無数の針が手に深く突き刺さることはありません。

では、この剣山の針が1本だけになったらどうでしょう。花を刺すには不便ですが、その1本の針の上に手を置いたら、ブスリ……と針は手に突き刺さることでしょう。

話も同じです。インパクトがある話のことを「刺さる」と表現することがあります。これが剣山の例え話から来ているかは定かではありませんが、原理は同じです。

情報は少なくしたほうが刺さりやすいのです。

伝わりやすい話にしたい場合は、とにかく削って1本の針にしてください。情報を盛り込みまくった長文を伝えようとするのは、剣山を深く突き刺そうとして押し当てているようなものです。それではダメなのです。1本1本の針にすれば簡単に刺さります。

パワーポイントなどでプレゼン資料を作る時に「1スライド1メッセージ」と教わることがあります。よくあるミスは、スライドが1メッセージになっているのに、そのスライドを使って話される内容が1メッセージになっていないパターンです。

僕はプレゼン指導をしていた頃に「1スライドを一言で話す練習」をさせていました。1枚のスライドごとに一番伝えたいメッセージを話し手に認識させる練習です。1スライドを一言で話すと、1時間くらいのプレゼンが5〜10分で終わります。

1時間のプレゼンなんて、そこで伝えるべき情報を最小限に削ってしまえば5分程度なのです。その5分の骨格に肉をつけてより伝わりやすくするために残りの55分を使います。

1文や1スライドに情報を盛り込みすぎると、これが完全に裏目に出ます。5分で伝わる情報を残り55分でより伝わりやすくするどころか、55分かけて余計に伝わりづらくする事故が起きてしまいます。もはや剣山どころかアイアンメイデン。聞き手にとっては拷問です。

話すのが苦手な人は、1文を最小限に切ってください。多少不自然でもかまいません。ピカピカの鋭い針の剣山より、たとえ錆びていたとしても1本になった針のほうが刺さります。

➡刺さる話をするためのコツ

具体的にどうすれば短く伝えられるかというと……「結論から話すように心がけま

しょう！」と言っても、それができたら苦労はしないですよね。もちろん1文を短く話そうと意識をすることは大切ですが、なかなか実践は難しいです。

そこでオススメは文章を書くことです。書いた文字であれば、あとで見返して1文を短く編集できます。

台本を用意できる時は一旦書いた文章を短く編集してみてください。それから読めば、話を聞いている人には「わかりやすく話せる人」に見えます。

しかし、毎回台本を用意できるわけではないですよね。

そこで、1文を短くして話す練習として、日記を書くことをオススメします。毎日の日記を、1文ごとに短い文章で書くようにしてみてください。最初は書いたあとに編集するようであっても、毎日続けていれば徐々に1文を短くする言い回しに慣れていきます。

すると、そのうち編集なしで、最初から短い文章が書けるようになっていきます。日記は自己成長のためにも最高のツールですので、ぜひ習慣にしてみてください。

初デートでマダンテは打つな

「とにかく削って、1本の針にする」についてお伝えしてきましたが、実はこれは恋愛のテクニックにも似ています。デートで大切なのは、相手に「また話したい」「また会いたい」と思わせることです。そのためには次が気になる余地を残しておくことが大切です。

恋愛が下手な人は1回目のデートで手札をすべて出し切ろうとします。それはドラクエのボス戦でいきなりマダンテをぶっ放すようなものです。2ターン目以降で何もできなくなり、あっさり逆転されて全滅します。

※注・マダンテ：ドラゴンクエストの攻撃呪文。MP（マジックパワー）をすべて消費して相手に大ダメージを与える。強力な呪文だが、MPが0になるため、そのあとの魔法が一切使えなくなる。使い所が難しい。

しかもたくさんの情報を同時に伝えられたあなたの「長所」は剣山の如く相手にまったく刺さりません。初デートのマダンテは相手に効かないのです。個性は1つだからこそ輝きます。多すぎる情報量は相手を疲れさせて終わります。

それでも相手が心の広い人で、奇跡的に2回目のデートが叶ったらどうなるでしょう？　マダンテぶっ放したあなたのMPはすでに0、もう出せるカードがありません。デートのお相手はさぞかしガッカリすることでしょう。マダンテを打った時点で詰んでいるのです。

ではどうすればいいでしょうか？

簡単です。出し惜しみをしてください。マダンテどころか初手はイオナズンすら禁止です。バイキルトやフバーハを使ってください。こういうのが、知っている人にしか伝わらない例え話の悪い例です。

※注・イオナズン：ドラゴンクエストの攻撃呪文。大爆発を起こして相手にダメージを与える。／バイキルト：攻撃力を上げる。／フバーハ：ブレス攻撃への防御力を強化する。

デートで出し惜しみするためのコツをお伝えします。初回デートは早めに切り上げてください。間違ってもディズニーランドの1dayパスなんて買ってはいけません。アフター6でも長すぎます。

どうしても時間が長くなってしまいそうな場合は、映画などがオススメです。3時間のデートでも2時間くらいは映画を見ているだけなので実質1時間のコミュニケーションで済みます。

そして「今日は楽しかったね！　もっと話したいね！」という雰囲気で終えることです。こうすればMPはしっかり温存されます。

これは恋愛に限らず、あらゆる人間関係を築くコツでもあります。あなたの個性をアピールするために剣山の如く持てるカードを全部見せてしまうと、逆に「記憶に残らない人」になってしまいます。

また会いたいと思ってもらうためには、剣山ではなく針のように、あなたの存在を突き刺してください。初手マダンテは常に愚策です。

第5章

会話の達人になる「聞き方」の極意

「聞く能力」があなたを会話上手にする

「話がうまい」と「トークがうまい」は別物

ここまで話し方（会話力と伝え方）について話してきましたが、この章から「聞き方」の極意もお伝えしていきます。

ここまで本書を読み進めたあなたはもうおわかりかと思いますが、一口に「話がうまい」と言っても、

①会話がうまい
②トークがうまい

この2つは別物です。

会話とは、よくキャッチボールに例えられるように、相手ありきで相互にコミュニケーションをすることです。一方で、トークとは一方的に話をすることを指します。「会話がキャッチボールであるのに対して、トークはボールを投げるだけのことを指す」という定義をこの本では採用します。

たとえ、150㎞/hのストレートを投げることができても、相手から投げられるボールをキャッチできなかったり、相手が取れないようなボールを投げてしまったりしていたら、キャッチボールがうまいとはなりませんよね。

会話とトーク、あなたがうまくなりたいのはどっちでしょうか?

この本の「話術」は、トークではなく会話のほうを指しています。

会話とトークの区別がつかないと、話がうまくはなりません。それどころか、うまく話そうと思えば思うほど下手になってしまうことすらあります。

僕もその落とし穴にハマった経験があります。

第1章でもお伝えしましたが、僕は以前、会話がうまくなりたいと思っていたのに、トークがうまくなることばかりに気を取られていました。その結果出来上がったのが、キャッチボールで150㎞／hの火の玉ストレートを放る危険球男でした。

相手にとって最高に取りやすい球ではなく、自分にとって最高の、全力のストレートを一球入魂で投げ込んでいたのです。結果として「ちょっとストップ。話すの速すぎ」「頭がついていいかない」などと言われることが度々ありました。

本当に恥ずかしい黒歴史なのですが、当時の僕（大学生くらいがピークでした）は、相手がついてこられないスピードで話を展開する自分に酔っていました。

これをキャッチボールで例えると、至近距離から全力投球をして、相手が球を避けるところを見て快感を覚えているイメージになります。完全にサイコパスですね。

逆に、トークがうまくなりたいのに、会話の練習をするのも間違いです。

理想の会話
キャッチボール
いくよー
ほ〜い
間違った会話
豪速球
ウリャーッ
150km/h
ギャーッ

「そうかな？」と思った人は、野球部のピッチャーがキャッチボールのノリで試合で投げているシーンを思い浮かべてください。間違いなく監督にシバかれます。

おしゃべりとプレゼンは違いますので、プレゼンがうまくなりたければプレゼンの練習をする必要があります。

とはいえ会話がうまい人は、プレゼンがうまいことも多いのですが、いざ練習をするとなると効率が悪いことはなんとなくイメージしていただけたかと思います。

その上で、会話がうまくなるために超重要なことを言います。

会話がうまくなるためには、話す練習よりも聞く練習のほうが大切です。

ユダヤ人の格言で「耳は2つ、口は1つ」という言葉があります。「自分が話す2倍は人の話を聞くべきだ」という意味で、営業の世界でも有名な言葉です。聞くことは、話すことの2倍大切です。

前述したメラビアンの法則を思い出してください。55%の視覚・38%の聴覚を差し置いて7%の言語情報を鍛えようとしている人が多いと指摘しました。同じように、会話では話す能力よりも2倍大切なはずの聞く能力を差し置いて、話す能力ばかり練習しようとする人が多いのです。これで上達するわけがありません。

もしあなたが「努力しても話が下手な人」だとしたら、それはセンスがないからではありません。ただ努力の仕方を間違っていただけです。努力は正しいやり方で積み重ねた時のみ実を結びます。

➡世界一の授業は世界一の生徒が作る

上手な会話には、聞く能力が必要不可欠です。そしてラッキーなことに、聞く技術は話す技術よりも習得するのが圧倒的に楽です。

細かい技術は後回しにして、一番重要な核となる考え方を先にお伝えします。僕が人の話を聞く時に一番大切にしていることです。

人の話を聞く時は、世界一面白い話を聞いているつもりで聞く。

これは「お世辞を言いましょう」という意味ではありません。もっと合理的な技術です。今自分が目の前の人に時間を使っているということは、あなたが取れる行動の無数にある選択肢の中から「目の前の人の話を聞く」を選択したことになります。

漫画を読むよりも、YouTubeを見るよりも、「目の前の人の話を聞きたい」と思った時のみ、あなたは人の話を聞きます。例外はありません。

「聞きたくて聞いているわけじゃないよ！　本当は漫画を読んでいたいけど相手が話すから仕方なく……」と言いたくなるかもしれませんが、それは違います。

別にあなたは、話しかけた相手を無視することも、構わず目を瞑って寝ることもできますし、相手が上司だろうと「今は漫画読みたいから黙って！」と言うことすらできます。

「そんなことをしたら大変なことになる」とあなたは思うかもしれませんが、別にその言葉を言った瞬間に心臓が砕け散るわけでもないのです。物理的には言おうと思ったら言えます。

「相手がめんどくさい上司だから仕方なく話を聞いている」のは、「無視して漫画を読んで嫌われるよりも、先々のことを考えると漫画を我慢して話を聞いて、上司の機嫌を取っておきたい」とあなたが判断した結果です。

ここで大切なのは、どんな思考をたどったとしても、最終的にはあなた自身が話を聞く選択をしたという事実です。

自分で「漫画読んで嫌われるより、おとなしく話を聞いといたほうがいい」と判断したのに、「この話を無視して漫画読みたいな」なんて思うのはおかしな話です。自分で決めたことなのに、あたかも強制されたかのような勘違いをしています。

心の中でそんな勘違いが起こっている時、きっと上司の話を聞いているあなたの表情や態度は、褒められたものではないでしょう。結局上司からは「せっかくこいつのためを思って話してやっているのになんだこの態度は」と思われてご機嫌取りにも失敗しているかもしれません。

こうなると悲劇です。せっかく嫌われたくないがために大好きな漫画を我慢して「話を聞いてやった」のに、聞く態度が悪くて結局嫌われています。自分の機嫌も上司の機嫌も損ね、なんのために漫画を我慢したのかわからなくなります。

実は「人の話を聞く時は、世界一面白い話を聞いているつもりで聞く」という技術は、あなた自身のためのものなのです。

人の話を聞いている時にあなたができることはただ1つ。全力で聞くことだけです。どれだけ心の中で漫画を読みたいと思おうと、ゲームをしたいと思おうと、人の話を聞いている時は漫画もゲームもできません。

「話を聞く」という自分の選択がベストだった、と認めてあげることは、相手を尊重するのみならず自分を肯定することにもなります。

人の話を聞きながら「本当は○○したい」なんて考えるのは、相手の否定にとどまらず「聞く」と選択をした自分自身をも否定しています。

考え方1つでWin&WinがLose&Loseになってしまうのです。話を聞く選択をした以上は、その時間を自分にとっても相手にとっても最高のものにしないともったいないです。

人の話を聞く時は、世界一面白い話を聞いているつもりで聞いてください。それが世界中の選択肢の中から「聞くこと」を選択した自分への礼儀であり、ありとあらゆる選択肢の中から「あなたに話す」ことを選択した相手への礼儀です。

そして、世界一面白い話を聞いているつもりで聞くと、良いことが起きます。

それは、**実際に相手の話がさらに面白くなる**ことです。

美味しいと思って食べた料理はより美味しくなりますし、不味いと思って食べた料理はより不味く感じます。お笑い番組を見ながら「つまらない、面白くない」と連呼していたら本当につまらなくなります。逆に、作り笑いでも爆笑していたら、たいして面白くないことでも面白くなってくるものです。

テレビ以上に、**会話は聞き手次第で面白さが変わります**。話している側も相手がノリノリのほうが話しやすいので、パフォーマンスが上がりやすいです。

世界一の授業は、世界一の生徒が作るのです。

飛び込み営業の女性トップセールスの「聞き方」

これに関連したテクニックで、僕の友人のトップセールスの話を紹介します。新聞勧誘の飛び込みでトップセールスをしていた女性の話です。彼女に飛び込み営業のコツを聞いたら、次のような話をしてくれました。

「私は飛び込み営業に行く前に、私が今から会いに行くのは大好きな恋人だ、と自分に思い込ませていました。

好きな人の家のチャイムを押す時はドキドキするし、最初の挨拶は自然と笑顔になりますよね。好きな人の話なら、うんうんって、一生懸命聞きますよね。

気持ちは伝わるので、こちらが『好き』と思って接していると、お客様からも好意を返してもらえることが多かったです」

確かに、大好きな人を見るような目で話しかけられたら、なかなか無下にはできないですよね。

「いや、特に見た目がいいわけじゃない自分がそれをやったところで……」

なんて思った方にもう1つ彼女のエピソードをお伝えします。たしかに、この話をしてくれた女性は美人です。しかも彼女がSNSに投稿する写真を見ると、いつも美男美女ばかりが写っています。

それを見て僕が「友達を顔で選んでいるよね？」とイジったことがあります。

彼女の答えは、次のようなものでした。

「選んでませんよー！　けど、意識の高い人と付き合うようにはしています。そういう人たちってみんな見た目にも気を使っているから、結果的に見た目がいい人ばかりになっちゃうんですよね」

現場からは以上です。

「世界一面白い話」だと思って聞く技術

話を聞く時は、「あなた（話し手）の話は世界一面白い！」というメッセージを言葉以外の表現で伝えるようにします。具体的なテクニックとして、使いやすいものをいくつか紹介します。

- **頷く（うなずく）**
- **相槌を打つ**
- **眉毛を動かす**

1つずつ解説していきます。

頷くテクニック

結局はこれが基本です。これができないことには、何も始まりません。ボクシングのジャブ、野球の素振り、「名探偵コナン」の殺人事件です。

聞き手に頷かれて話しやすくならない話し手はいません。頷きは、一見「首を動かすだけで誰がやっても同じ」に思われるかもしれませんが、頷きのやり方でコミュニケーション能力が測れると言っても過言ではないくらい、あなたの首は多くのことを語ります。3つのポイントに分けて解説します。

①頷く大きさ

まず頷き初心者（ウナズキッズ）の皆さんに気をつけていただきたいのが、頷きの大きさです。多くのウナズキッズの方に見られるミスが、頷きが小さいことです。

マルチ商法のセミナーみたいに、人気ビジュアル系バンドの解散ライブで最前列に陣取る、結成当初から追っかけをしていたコアなファンたちのヘッドバットばりの頷きはやりすぎですが、ウナズキッズの方は**「ちょっと大きすぎるかな」と思うくらい大きめに頷くくらいでちょうど良くなることが多い**です。自分がちょうどいいと思う頷きの3割増しくらいの動きが目安です。

②テンポ

そして次がテンポです。

「うん・・・うん・・・」（テンポを表現するために「うん」としていますが、声を発する必要はありません）という要所要所の頷きと、「うんうんうん」という小刻みな頷きを使い分けてください。

基本的には「うん・・・うん・・・」と頷いていき、相手が乗ってきたら「もっと先を聞かせて」みたいな感じでテンポよく「うんうん」という小刻みな頷きをたまに入れます。

ただし小刻みな頷きは使いすぎると、投げやりな印象や急かしているような印象を与えてしまうことがあります。

あまりにも「うんうんうんうんうんうんうん」と言っていると、「ちゃんと聞いてるのか？」と思われてしまうので要注意です。

あくまでも基本は「うん・・・うん・・・」くらいの頷きを使いましょう。

③タイミング

そして、最後がタイミングです。

頷きのやり方でコミュニケーション能力が測れると言いましたが、その理由がタイミングです。適切なタイミングの頷きをするだけで、あなたが話をちゃんと理解できていることが話し手に伝わります。そして適切なタイミングで頷こうとすることで、実際にあなたも話をよく聞けるようになり理解度が上がります。

さらに、正しいタイミングで頷けるようになると、自分が話す立場になった時にも聞き手が頷くタイミングがわかってきます。そのタイミングで間を取ったりすることが、自然にできるようになります。結果として話す技術まで向上します。

相槌を打つテクニック

正確には相槌の中に頷きが含まれますが、ここでは頷き以外の「はい、うん、ええ」など声を使ったリアクションを相槌として解説します。

個人的にセミナーなど大人数に向けて話す時に「たしかにぃぃぃぃ！！！　なるほどおおおおおお！！！　ええええええー！！！　すごーーーーい！！！」みたいに相槌のうるさい人がいると話しにくいのですが（マルチ商法のセミナーあるあるです）、1対1や1対2～3人くらいの時には、相槌はあったほうがいいです。

相槌で声を発したことのない人は、頷きのタイミングで基本的な言葉を挟んでみるといいです。一番使いやすいのは「うん」「はい」です。が、これに加えていくつか紹介しておきます。

▼「うーーーん！」

「うん」とほぼ同じなので一番使いやすいです。関心や納得を表す時に使います。めちゃくちゃ美味しいご飯を食べた時みたいなイメージで唸《うな》るのがコツです。相手の自尊心もくすぐれるので、使いやすく効果も高いイチオシの相槌になります。

ただし使いすぎには注意してください。

また、表情が無表情だと「うーん……」みたいに「納得いかない」表現ととられてしまいますので、しっかり感情を込めて唸るようにしてください。

▼「へー！」「はー！」

関心を表す時に使います。「はー！」は普段あまり使わないかもしれませんが、驚きと関心を同時に表現できて効果的なのでぜひ使ってみてください。

どちらも寒い日にお風呂に入った時みたいに、腹から声を発することが大切です。特に「へー！」は棒読みで弱い声だと退屈しているような印象に伝わってしまうので注意してください。文字にすると**「へー」というより「へぇー！」という「！」が相手に伝わるように声を出しましょう。**

▼「なるほど！」「たしかに！」「そうですね」

相手の話が長い時に「はい・・・はい・・・」だけの相槌だと、「ちゃんと聞いてる？」と思われてしまうことがあります。

そんな時に、話に合わせて相槌を少し変えると真剣に聞いている感が伝わります。

「はい・・・はい・・・はい・・・はい・・・はい・・・はい・・・はい・・・はい・・・」

「はい・・・はい・・・なるほど！・・・はい・・・そうですね・・・はい・・・たしかに！」

どうでしょう。文字だけで見ても後者のほうが印象よく思えませんか？

⬇眉毛を動かすテクニック

これは見落とされがちですが、効果抜群なのでぜひ取り入れてください。相手の話に合わせて表情を変えることで、共感を伝えられます。人は自分に共感してくれる相手に好印象を抱きます。

そして表情を動かす時に特に意識してほしいのが、96ページの「媚」のところでもお伝えしましたが、眉毛です。眉毛は小さな動きなので話を聞きながら動かしても話し手を邪魔しませんし、感情をとても効果的に伝えられます。

さて、ここで媚とは逆のエピソードをお伝えしておきます。

あなたは「まろ眉」という言葉をご存じでしょうか？

自分のことを「まろ」と呼びそうな平安時代の貴族みたいな眉のことです。なぜ平安時代の貴族たちはあんな不自然な眉毛をしていたのでしょうか？

それは、感情を隠すためです。まろ眉は本来の眉毛をすべて抜き、その眉よりもだいぶ上のデコの位置に墨を使って描かれていました。その位置に眉があると、表情を変えても眉がほとんど動かず、感情が伝わりづらくなります。

もしかしたら田舎の気合の入っているお兄さん、お姉さんたちが眉毛を全剃りする文化も、ビビった時に表情を悟られないために生まれたのかもしれません。

逆に、眉毛を意識して動かすと実に雄弁に感情を伝えられます。相手の話に合わせて眉毛を動かしながら聞くことで、あなたは相手の話に感情移入して、共感しているように映ります。

仮に心の中で「いや全然違うでしょ。って言うか何言ってるかわからないし。早く話終わらせてくれないかなあ」と思っていても、眉毛さえ動かしていれば大丈夫です。相手の目には真剣に話を聞いて理解してくれている人に映ります。

ただし、眉毛は微妙な動きで十分伝わりますので、あまり動かしすぎないように気をつけてくださいね。

悲しい話をしている時は眉を少しひそめて、明るい話をしている時は眉毛を少し上げて、驚くような話をしている時は、明るい話の時よりさらに眉毛を上げて目を見開いてみてください。

話を面白く聞く3つの技術

頷き

・頷きは大きく
・テンポよく
・いいタイミングを意識する

相槌

ふーん！
へー！
はー！
なるほど！
たしかに
そうですね

・頷きに言葉を挟む
・棒読みではなく感情を伝える意識で

眉毛

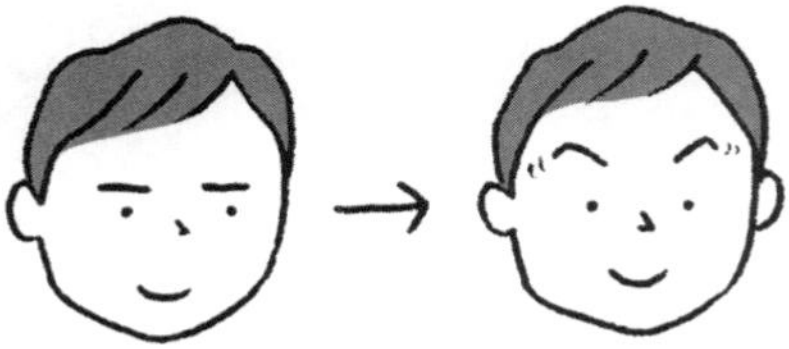

・眉毛を少し上げるだけで感情を伝えられる
・悲しい時、真剣な時は眉毛は下げる

「わかりきった話」をする相手への聞き方は？

「それは違います」は言ってはいけない

人の話を聞いていて、先の展開が読めたり、明らかに間違いがあって指摘したくなったことはありませんか？

僕も当然あります。しかし、そんな時にもあえて最後まで聞くことが大切です。人は聞くよりも話したい生き物なので、基本的に話を途中で遮られると不快に感じます。

中には話を遮られただけでカチンときて、ヘソを曲げてしまう人もいます。特にプライドの高い男性に多いのですが、そういう人は正しいことを言われても首を傾げて納得しなかったり、口では「わかりました」と言ってもその通りにやらないことがよくあります。

この場合、悪いのは誰でしょうか？

もちろん、ヘソを曲げた人……ではなく、話を途中で遮った人です。言ってしまえばどっちもどっちなのですが、ことの発端、先に仕掛けたのは話を遮ったほうです。「最後まで話させない」というのは、もはや「攻撃」なのです。

「それは違います」という言葉は、会話では使わないでください。この本みたいな文章や、一人で一方的に語るプレゼンの中で使う分にはそこまで角は立ちませんが、会話で相手に対して使うと途端に棘のある危険な言葉になります。

「それは違います」と遮る代わりに、最後まで聞いてから「そうですよね」と言って、それからあなたの意見を話しましょう。まったくそう思っていなくても「そうですよね」と言ってください。

「そうですよね」は必ずしも全面的な同意を意味するものではなく、「あなたの意見はそうなんですよね」、または「一部の意見にまで同意しました」という意味でも使えます。納得いかない意見を受け入れる必要はありませんが、少なくとも受け止める必要はあります。

開口一番で「違います」と言ってしまうと、受け止めずに弾き返すことになってしまうので、一旦は受け止めてください。こんな感じです。

A「とんこつラーメンは、脂多め味濃いめ、麺は硬めじゃないとね！ だって食べている間に……」

B「いや違うよ。麺の硬さは『普通』でしょ！ ちゃんとスープ吸って麺が伸びることも見越した硬さを『普通』にしてるんだから」

A「え？　そうなの？　でも俺は硬めのほうが美味いと思うからいいや」

これではダメなんです。そうではなくこうしてください。

A「とんこつラーメンは、脂多め味濃いめ、麺は硬めじゃないとね！　だって食べている間にスープ吸って麺が軟らかくなるから」

B「そうだよね。麺はちょうどいい硬さがいいよね。僕もそう思うから、『普通』にしてる。店主に聞いたら、スープを吸って伸びることも見越した硬さが『普通』らしいんだよ。まあ、店によって違うかもしれないけどね」

A「そうなんだ。知らなかった。俺も次は『普通』で頼んでみよっかな」

人の行動を変えたかったら、論理ではなく心理にアプローチする必要があります。

言葉で言い負かすのではなく、顔を立ててあげると、自然と人は素直になるものです。

マルチ商法の洗脳聴きトレーニング

マルチ商法では、次のようなコミュニケーションのトレーニングがあります。

二人一組になって、一人が最近あった出来事を話し、もう一人がその話を聞きます。2回同じ話をするのですが、1回目は聞き役が無反応に徹します。何を話されてもまったくリアクションをとりません。そして2回目の話では聞き役は思いっきりリアクションをとります。それこそ相手の話が世界一面白いかのように聞きます。

1回目と2回目で話し手がどんな気持ちになるか想像してみてください。

1回目は泣きそうになります。何を言っても相手がリアクションしてくれないと、リズムが取れず言葉に詰まります。話し手が言葉に詰まって苦笑いしても聞き手の表情は変わりません。初めてトレーニングに参加した人は1分ともたずに心が折れます。

一方で、2回目は楽しいものです。泣きそうになりながら話していた1回目とまったく同じ話をしているのに、目の前の人が目を輝かせて「へー！　そんなことがあったんだあ！」「それでそれで？」「あはははは！」とリアクションをしていると、話し手はいつまでも話していたくなるような気持ちになります。

そして忘れてはいけないのが、聞き手側の気持ちです。

実は聞き手も1回目はつまらなく苦痛で、2回目は楽しい気持ちになれます。1回目は、いかにも自分が無駄な時間を過ごしているように感じられます。これは相手を否定していると同時に、「聞く価値のない話を聞き続ける」という選択ミスをした自分自身をも否定してしまうからです。

2回目は、たとえ話がつまらなかろうと、その話を盛り上げるように聞くことで自分のコミュニケーション能力が高まっていく実感が持てますし、多くの場合は全力でリアクションをとれば相手も上手に話してくれるようになります。

ちなみにこのトレーニングは、一旦不安にさせてから安心感を与えることで、より相手に話を聞いてもらえる嬉しさ・安心感を実感させることができ、その空間に依存させやすくする効果もあります。よくできていますね。

オーディエンスリーダーになれ

もしかしたら「自分はうまく話せない」と思っている人は、あなたの話す能力に問題があるのではなく、あなたの周りの人の聞く能力に問題があるだけかもしれません。

僕も会社員の頃に会議に参加した経験がありますが、ほとんどの人が話し手やスライドを見ずに、手元の資料と睨めっこしたままウンともスンとも言いませんでした。あの状況で上手に話すのは、お通夜で漫才をやって笑いをとるくらい難しいです。

もしあなたがそんな職場にいる場合、あなただけは会議の話し手にリアクションをとってあげてみてください。

みんなが下を向いている中、あなただけは話し手とアイコンタクトを取って、話に合わせて表情を変え、頷き、寒いオヤジギャクが放たれた時には声こそ上げないまでも、ニコッと微笑んであげましょう。確実に好かれます。話し手からしたら、あなたは荒野に咲いた一輪の薔薇です。

僕はマルチ商法でトップセールスだった頃、セミナー講師としても人気でした。さらに実は、自分以外の人が講師として登壇する時にも、僕はある役として隠れた人気を博しておりました。

その役とは、聴衆の最前列の真ん中あたりに座り、聴衆のリアクションを誘導する役割です。まあ一言で言えばサクラですね。聞こえ良く言うと「コーディネーター」とか「オーディエンスリーダー」とかになります。

最前列の僕が、話し手とアイコンタクトをして、頷くべき時に頷き、笑うべき時に笑い、拍手したほうがよさそうな時に思い切り拍手する。そうすると周りの人も僕に釣られてリアクションをとるようになります。さらに話し手が下手で空気が悪くなってきた時には、質問を入れたりガヤを入れたりして空気を和ませます。こうすると自分自身もただ座って聞いているよりも楽しく聞けます。

マルチ商法ではこんな格言があります。

「セミナーを聞く時は、自分が主役のつもりで参加しましょう」

オーディエンスはただぼーっと座っているだけではダメなのです。自分がその場の雰囲気を作ったり、盛り上げたりする意識を持つ必要があります。ただし、これには注意点があります。

読者の皆さんの中でマルチ商法のセミナーに参加したことがある人は、話し手が絶望的に寒いギャグを言う度に、今世紀最大のおもしろ珍事件が起きたかのような大爆笑に会場がつつまれ、逆にドン引きした経験がないでしょうか？

あまりにもわざとらしすぎるオーバーリアクションは、場をしらけさせたり、カルト宗教みたいな恐ろしい雰囲気を作り出します。しかも、実は話し手もやりにくかったりします。

自然な範囲でリアクションをとりながら聞くことが大切なのであって、不自然なまでのオーバーリアクションはやめましょう。セミナーや会議では顔を上げて、話し手とアイコンタクトをして、適切なタイミングで頷くだけで十分です。

そして、もう1つ重要なことがあります。**適切なタイミングでリアクションをとろうと意識して話を聞くだけで、あなた自身の話す技術も向上します。**どういうタイミングで聞き手が関心を持つか、または注意が離れるかなどがわかってくるからです。

まず、人が話している時に無反応な人は、頷きやアイコンタクトを意識してください。そしてセミナーや会議を大人数で聞いている時にも、自分一人が聞いているつもりでリアクションをとってみてください。

第6章

話し方を上達させる極意

言葉よりボディランゲージのほうが伝わる

話し上手になる4つのアクション

日本の政治家は欧米に比べて体が小さい人が多いように感じませんか？　もちろん日本人の体格によるところもありますが、それ以上に体を大きく使わない（使えない）人があまりにも多いことが関係しています。

慎ましくたたずむのが日本人の美徳みたいなところはあるかもしれませんが、リーダーシップを発揮するべきところで縮こまっているリーダーに求心力はありません。ボディランゲージは日本人に大きく欠如している能力の1つです。

メラビアンの法則で55％を占める視覚情報には、当然見た目の良し悪しも含まれますが、立ち居振る舞いや、身振り手振りも含まれます。

しかし、これは同時にチャンスでもあります。

日本人が全体的にボディランゲージを苦手としているので、あなたがボディランゲージを取り入れれば、メラビアンの法則が有利に働いて、「話し上手な人」にグッと近づけます。

覚えていますか？　視覚情報は印象の55％を占めます。言語は7％です。話す内容を練るよりも、ボディランゲージを練習したほうが、圧倒的に効果が高いのです。

さらに朗報です。簡単な動きをいくつか覚えれば「ボディランゲージのうまい人」にすぐなれます。

今度誰かが話している時に、ボディランゲージに注目してみてください。例えば、トーク主体のYouTubeなどでは顕著なのですが、ワンパターンな動きしかできない人がいることに気づくはずです。YouTubeでトークが下手だなと感じる人は、片方の手をずっと上下に動かすだけの動きを繰り返していたりします。

僕の動画を見ていただけると、左右の手を交互に動かしていることに気づくはずです。さらに、手を上下に動かすだけでなく、横に振ったり、円を描くように動かしたり、ときには止めたりもしています。

話しながらいろんな動きをするのはハードルが高く感じられるかもしれませんが、大きく分ければ、覚えるべき動きは次の4つです。

- **上下に動かす**
- **横に動かす**
- **円を描く**
- **止める**

この4つを左右の手で交互に（ときには両手を同時に）動かすだけで、あなたはボディランゲージがうまい人になります。

メラビアンの法則で一番比重の大きい「視覚情報」をうまく利用できることになりますので、仮に話の内容が拙いままでも、あなたが与える印象・影響力は圧倒的に変わります。

慣れないうちは、2パターンに絞って試してみるだけでもだいぶ印象が変わります。

「ここでこういう動きをする」など事前に決めて練習しておきましょう。動く練習は話す練習よりも効果が高いです。慣れてくれば自然に手が動かせるようになります。

また、自分が話しているところを録画してみるのもオススメです。

録画とか録音は「やるといいよ」と言っても

実際にやる人が少なすぎて悲しくなるのですが、めちゃくちゃ効果的です。高いお金を払って話し方のスクールなどに通うより、よっぽど効果があります。

大事なプレゼンなどがある人は、面倒かもしれませんが、録画しての練習を強くオススメします。一方的に話すだけなら、録画して練習を繰り返すだけで簡単に「超うまい」レベルになれますよ。

自然とうまい話し方ができる姿勢

正しい姿勢が上達の鍵

ボディランゲージだけでなく、姿勢も重要です。

スポーツでも音楽でも書道でも武術でも、姿勢（構え／フォーム）がいい加減なまま上達することはないですよね。トークもその例外ではありません。正しい姿勢をとれば上達が早くなりますし、姿勢がいい加減だと上達は遅くなります。

どんな分野でも、正しい姿勢を早く習得することが上達の鍵を握っています。姿勢には正解があります。

「絶妙な例え話」「わかりやすい話」はその場その場で変わりますが、話しやすい姿勢・説得力のある姿勢はだいたい同じです。もちろん高度なことを言えば、その場その場で最適な姿勢も変わるものですが、基本となる姿勢には一定の形があります。

鏡を見ながら修正すれば簡単に合格点が取れて、しかもほかのすべてのパフォーマンスの土台となるもの。それが姿勢です。

そこで、トークをする際にとるべき姿勢を顔・背すじ・腕・脚に分けてお伝えします。鏡を見たり、話している自分を撮影したりして、ここで紹介する姿勢に近づけられれば、自然とうまい話し方ができるようになります。

▼顔

顔は2つのパーツに気をつけるだけで、いい表情が作れます。

それは、**眉と口角**です。眉については前述しましたので、口角について簡単に説明します。

まず会話する時は基本的に口角を上げておきましょう。コミュニケーションが苦手な人には、無意識に口が「へ」の字、または真一文字になってしまう人が多いです。逆にコミュニケーションが得意な人は、口角を上げた表情が自然にできる人が多いです。口角が上がっているだけで感じのいい印象を与えられますし、声も自然と明るくなります。口角は常に上げておいてください。

口角と眉毛でどれだけ変わるかは、鏡を見ながらやってみるとよくわかります。もっとわかりやすくしたい人は、スマホのカメラで自撮りをして比較してみてください。口角と眉毛を下げた状態と、口角と眉毛を上げた状態でご自身の顔を撮影してみると、全然印象が違うことがわかるはずです。

表情は、人とコミュニケーションを取る時には常に作ってください。**自分が話している時だけでなく、話を聞く時や、電話で相手から顔が見えない時も必ず表情を作りましょう。**

自分が話している時だけ口角と眉毛が上がり、人の話を聞く時には仏頂面になってしまうと「自分が話すことにしか興味がない」「人の話が聞けない人」だと思われてしまいます。

「話を聞く時はわかるけど、電話なら相手から顔が見えないのだし表情は関係ないのでは？」と思っていたらそれは大きな間違いです。

表情で声は大きく変わりますので、電話の時にも明るい表情作りはマストです。

むしろ電話は声ですべてが判断されるので、あなたがどれだけ美男美女であろうとも電話では役に立ちません。

印象のいい声を出すためには印象のいい表情を作る必要があるので、電話の時こそ意識して表情を作って話すようにしてください。

▼背すじ

背すじは伸びているに越したことはありませんが、就職活動の面接みたいにピンと伸ばしすぎると不自然になりがちなので、やりすぎは禁物です。

しかし猫背になっていたり、首が前に出すぎていると体が小さく見えてしまうので、そこだけ気をつけてください。特に小柄な人は要注意です。小柄な人が体を小さくする姿勢をとってしまうと、頼りない印象を抱かれやすいです。

「自然体でいい姿勢なんて、そんな武術の達人みたいなこと言われても」と思った方、大丈夫です。秘策があります。次の3つを意識してみてください。

①椅子を思い切り引く
②椅子に深く腰掛ける
③背もたれを使う

「え？ 逆じゃないの？」と思った方、きっといますよね。一般的には「背もたれを使わずに浅く腰掛けて座りましょう」と言われます。もちろん、面接などでは浅く腰掛けて、背もたれを使わないほうがいいでしょう。

しかし、コミュニケーションにおける最優先は、あなたが疲れずに自然体でいることです。「不自然」「力み」はコミュニケーションの大敵です。

普段から一切背もたれを使わずに背すじを伸ばして生活している人なら話は別ですが、そうでない人がずっと背もたれを使わずに座っていたら、疲れますよね。疲れた結果、結局気づいたらダラシない姿勢になったり、不自然に力が入ってぎこちない姿勢になったりしていたら、元も子もありません。

そこで僕は背もたれを使って楽をしつつ、その上でよく見える姿勢をとることをオススメします。

常識の逆を行くような発想ですが、毎日のように四六時中プレゼンしっぱなしだった僕が、体力を使わずに最大限効果的な座り方を探した結果、辿り着いた結論です。

「背もたれを使ったらダラシない姿勢になる」というのは、浅く腰掛けているか、椅子を引いていないことが原因です。

浅く座った状態から背もたれを使うと確かに、極端な猫背になるか、ふんぞり返っているようでダラシなく見えてしまいます。

しかし椅子の奥まで深く腰掛けたらどうでしょう。背もたれは、だいたい椅子からまっすぐ上に伸びているので、椅子の奥まで深く腰掛けてしまえば、背もたれに合わせて自然と背すじが伸びます。さらに体を預けられるので自然と力が抜けて、軽く胸が張れます。

椅子を引かずに深く腰掛けると、机との距離が遠く、ドカっと座っているように見えますが、思い切り椅子を引いて深く腰掛ければ、背もたれを使わずに浅く腰掛けているのと違いがわかりません。離れたところから見ると不自然に見えるかもしれませんが、目の前の相手からはまず気づかれないものです。

手品のイメージを持ってみてください。お客さんから見えない死角になっているところでは、何をしていてもいいのです。

▼腕

「話に合わせて手を動かしましょう」という話をしましたね。では動かしていない時はどうするかと言うと、常に肩・腕を開いておいてください。NGなのは、腕組みです。腕は、心の状態を拡張して表現する機能があります。

腕組みは防衛反応や拒絶を表すので、腕組みをしている人は心が閉じている印象を与え、コミュニケーションを取りづらいと感じられます。

逆に腕を開いている人は心を開いた状態なのでコミュニケーションを取りやすい印象になります。

また、机を挟んで向かい合って話す時は、自分と相手の間に物を置かないことも大切です。間に物が置いてあると、腕を組んでいるのと同じような「ここから先には入ってこないで」というバリアが働いてしまうことがあります。

逆にあまり距離を詰めてほしくない人には、腕や物を使ってバリアを張ると心地よい距離感が保てるので覚えておいてください。

▼脚

「脚も心理状態が大きく表れます」という説もありますが、僕はあまり気にしていません。経験論になりますが、脚の姿勢を変えたところでそこまでコミュニケーションの取りやすさが変わった実感はないからです。

しかし何かしらの正解があったほうが安心する人もいると思いますので、2つの選択肢を提示しておきます。脚については基本的に座り姿勢を前提にお話しします。

基本姿勢の1つは、少し脚を開いて足裏を床(地面)にしっかりりつける姿勢です。これが一番力を入れやすく、いい声で話しやすいです。

脚をピッタリ閉じてしまうと、緊張や警戒のサインになってしまうので、少し開いておくのがポイントです。

そして基本姿勢でもう1つの正解は、相手に合わせることです。相手が脚を開いている時は自分も開き、相手が脚を組んでいる時は自分も脚を組みます。僕はこれをよくやります。
同じ姿勢を取ることで、**ミラーリング効果**が働きます。ミラーリング効果とは**「同じ姿勢や仕草の相手に好感を抱きやすい」**という心理効果です。恋愛マニュアルなどでよく見かけますが、やりすぎると逆効果になるので注意も必要です。

脚の姿勢を同じにするくらいだったら違和感を感じられることはないので自然にできます。僕はミラーリング効果を利用するのは、脚の姿勢と、カフェで相手と同じメニューを頼むくらいに留めています。

小技ですが、相手「カフェオレで！」自分「お！ ちょうど同じのにしようと思っていた」「気が合うね」みたいなテンションで言うと、自然かつ効果的にミラーリング効果を使えます。
ちなみにミラーリング効果は、表情を合わせることでも発生します。相手の話に合わせて眉を動かすことは、ミラーリング効果も狙ったテクニックです。

動じないメンタルになる方法

マルチ商法で学んだ緊張との向き合い方

上手に話すためには、あなたがリラックスしている必要があります。これは話すことに限った話ではありません。スポーツでも音楽でも、実力を発揮するためにはある程度の心の平静は不可欠です。そこで、動じないメンタルになる方法を伝授します。

緊張とは厄介なもので、「緊張するな！」と自分に語りかけても逆効果になります。僕も以前は人前に立つとただでさえ早口な話し方がさらに早くなり、マシンガントークを加速させていました。

しかし、今ではほとんど緊張とは無縁になりました。緊張を感じることはゼロではないのですが、それによってパフォーマンスが低下することは少ないです。僕が緊張との向き合い方を学んだのは、これもマルチ商法です。

6年間のキャリアのうちトップセールスとして活動していた3年間では、実にいろんな場面でプレゼンする機会がありました。

僕がプレゼンをした人の中には、手に「FUCK」というタトゥーがデカデカと入ったサングラスのお兄さんもいましたし、映画監督のメガホンみたいにペットボトルを片手にパンパン叩きながら僕を睨みつけてくるオジサン、5分おきくらいに「稼いでいるなら寄付をして社会貢献してください」と茶々を入れてくるおばさんなど、ネタなのか本気なのかわからないくらい個性的な人たちがたくさんいました。

逃げ出したくなったことは何度もあります。しかし、そういうわけにもいきません。

マルチ商法はＡＢＣというプレゼンの形を取ります。

ＡＢＣとは、Ａ：話す人、Ｂ：友達を連れてきた人、Ｃ：連れてこられた人の３人で、Ａ（僕はこの立場でした）がＣに話をするという構図です。

Ｂさんがアポを取って連れてきた人である以上は、Ａ役の僕が「やっぱり無理」と言うわけにはいかないのです。こちらもメンツが大切な仕事です。

「緊張しながらベストを尽くす」では不十分で、誰から見ても緊張を悟られないように話す必要がありました。

そこで僕が緊張をコントロールするために有効だったノウハウを３つ紹介しておきます。すぐ使えるくらい簡単なことですが、抜群の効果を発揮します。仮にあなたの心臓がバクバクしたままだったとしても、３つのノウハウを実行することで、周囲には緊張が伝わらなくなります。

「緊張していない人」と「緊張していないように見える人」は周りから見たら同じです。どれだけあなたの心臓がバクバクしていようとも、バレなければ緊張していないと思われます。そして何度も緊張を乗り越えているうちに、そのうち本当に慣れてきます。いきなりバクバクの心臓をピタリと止めるなんて無理ですので、まずは開き直っていかに誤魔化すかに全力を尽くしましょう。

➡ 動じないメンタルの作り方1　リラックスした姿勢をとる

脚を揃えて背すじをビシっと不自然に伸ばした姿勢では、あなたのパフォーマンスは十分には発揮されないでしょう。

だからといって、楽な姿勢をとるために、机の上に脚を乗せるのも当然違います。ではどうすればいいかと言うと、まずリラックスしている時に「ちょうどいいと感じる姿勢」をとってみてください。そして、それを意識して観察してみてください。

立ち姿勢であれば、脚の開き方、重心の位置、手の開き方など。座り姿勢であれば、背すじの伸ばし具合、肩の開き具合、手の位置など。リラックスしていると自然といい立ち方・座り方ができるものです。

しかし緊張してしまうと、ついカッコつけようとか余計なことを考えてしまい肩に力が入り、自然体とはほど遠くなってしまいます。だからこそ、無意識でしているちょうどいい立ち方・座り方を、意識して覚えておくことが役に立ちます。

そして、ここがちょっとしたコツですが、**緊張した時にとるべき姿勢は、普段の自然な姿勢より、ほんの少しでいいので体が大きく見える姿勢**です。これもリラックスしている時にやってみてください。脚を少し開いたり、胸を張ったり、肩を開いてみたりです。ストレスに感じない程度でかまいません。

緊張している時はどうしても平常時より遠慮してしまいがちなので、少し体を大きく見せようとするくらいで、ちょうどいい姿勢になります。

体を大きく見せることで、堂々とした印象を与えられます。これは世界共通どころか、全生物に共通です。

ほとんどの動物が、威嚇《いかく》をする時は体を大きく見せようとします。逆に、自信がなく怯えた時には縮こまって体が小さくなります。

動じないメンタルの作り方2　深い呼吸をする

呼吸も、姿勢と同様、音楽やスポーツでも重要視されていますね。YouTubeの動画でも何度かお伝えしてきたので、すでにご存じの方も少なからずいることでしょう。深い呼吸は、声に深みを持たせます。浅い呼吸で話すと、薄く響かない声になってしまいます。緊張すると呼吸はどんどん浅くなってしまうので、緊張している時こそ意識して深い呼吸をしてください。

さらに、呼吸を意識することで話のペースも調整できます。僕がそうだったように、緊張すると早口になってしまう人には特に効果的です。

早口になると、自分の頭が話していることに追いつかずに話を見失ったり、言葉に詰まったり、口が追いつかずに噛んでしまったりすることが多くなります。

そうなると、ますます焦って早口になり、ブレーキの壊れた暴走列車のように悪循環にハマります。

深い呼吸は、ブレーキの役割も果たします。息継ぎが早いと話す速度も速くなりますが、息継ぎがゆっくりだと、話す速度もゆっくりになります。

基本的に話をする時には、速いより遅いほうがいい場合が多いです。緊張を感じた時には特にゆっくり呼吸をして、ゆっくり話すことを心がけてみてください。

矛盾している言葉ですが、「軽い深呼吸」くらいのつもりで、息を吸うようにするのがオススメです。

動じないメンタルの作り方3　ゆっくり大きく動く

ここまでの2つのポイントを押さえたら自然とそうなるものですが、動きもゆっくり大きくが基本になります。

例えば資料をカバンから取り出す時に、ガサガサッとせわしなく漁《あさ》るように探すのはNGです。お辞儀をする時に何度もペコペコするのもやめましょう。

資料を取り出す時は、スティーブ・ジョブズがiPadを初めて発表した時に、茶封筒からスッと取り出したようにエレガントに取り出してください。お辞儀をする時はゆっくり深く1回にしてください。

たとえカバンから資料を取り出す時に「あれ、あの資料どこにいったっけ？」と内心思っていたとしても、「俺はスティーブ・ジョブズ。これは間をタメてるだけ。この沈黙が感動に変わりますよ～」くらいの気持ちで、ゆっくりと動きましょう。

間違っても、鞄に顔を突っ込むような勢いで中をのぞき込んでガサガサッとハムスターみたいな探し方をしてはいけません。

第7章

悪用厳禁！
強力すぎる心理効果

心理効果を使う時に気をつけるべきこと

第7章は、既にコミュニケーションがうまくなったあなたが、さらに高みに登るための武器という位置づけです。

ここまでの解説で、基本的な部分は伝え終えました。

ここまでの内容を繰り返して身につけることで、あなたのコミュニケーションレベルはかなり上がります。

レベル上げが済んだら、あとは武器集めです。武器のいいところは、誰が使っても同じ効果があることです。つまりここで紹介するのは再現性100%のテクニックです。

ただし、強力な武器を使いこなすにはパワーが必要です。

本章の武器は、第6章までの土台があってこそ効果を発揮しますので、まずは第6章までの技術を習得することを優先してください。

ここでは使える心理効果を5つと、要注意な心理効果を3つ紹介していきます。特にセールスを仕事にしている方には強力な武器になるはずです。

もちろんセールスをやっていない方も、「モノを売る」を「自分を売り込む」とか「お願い事を聞いてもらう」に置き換えて使っていただけます。

本当に使える心理効果5選

心理効果1：会話で気持ちよくさせる「ペーシング」

あなたは今まで、誰かと会話していて、「この人声大きすぎ」「話すの速すぎ」と思って話しづらい思いをした経験はありませんか？

ペーシングは会話のスピードを合わせることで親近感を高める技術です。コミュニケーションの相手に、話すスピード・テンポ、声のトーン・大きさなどを寄せてください。

1対1で気持ちよく会話するなら抜群に効果的なテクニックです。230ページで紹介したミラーリング効果と同じように、話のテンポや声のトーンが近いと話しやすいと感じられます。

さらに慣れてきた人は、相手の話し方を基準にして少しだけペースを変えてみてください。主導権を握りたい時は相手よりも少しだけ大きめの声で話すなどです。やりすぎない範囲でちょっとだけペースを変えると、主導権が握りやすくなったり、相手のペースをコントロールできるようになったりします。

僕がセールスをする時は、気づかれないように少しずつテンポを上げていくことをよくやっていました。
自然にテンポが上がっていくことで相手は「話しやすい」「楽しく話せている」と思い込んでくれやすいですし、ちょっと腹黒い意図ですが、思考時間が減るのでノリでＹｅｓを取りやすくなったりもします。

心理効果2：営業・セールスで使える「アンカリング効果」

アンカリング効果は「最初に提示された数字や条件が基準（アンカー）となって、そのあとの判断に影響する」という心理効果です。同じ商品でも単に「1万円」と言われるより「定価3万円のところ1万円」と言われたほうが割安に感じるのは、アンカリング効果によるものです。

※本来1万円のものを10万円の定価にして90％ｏｆｆにするなど、不当に定価をつり上げて安売りしているように見せかける行為は、二重価格表示といって景品表示法で禁止されているので注意してください。

何をアンカー（比較対象）にするかで、物の価値はまったく違って受け取られます。アンカリング効果を極めてしまえば何でも好きな価格で売れます。

例えば化粧品のセットを100万円で売るとします。あなたならどうしますか？

「お金が有り余っている大富豪に売る」とかはナシですよ。それはそれで賢い方法ですが、今回は普通の所得の人に売る前提で考えてみてください。

「この化粧品は300万円のところ100万円になっていて大変お得です」ではダメですよね。300万円の化粧品なんて普通の人からしたら、その時点で要らないものです。ではどう言ったらいいでしょうか？　ポイントは、何をアンカーにするかです。

普通の人に100万円のものを売るなら、その人が100万円（または100万円以上）を抵抗なく払えるアンカーを探します。

普通の人が100万円以上を抵抗なく支払える買い物は何が思い当たるでしょうか？　これならいくつか思い浮かぶものがありますよね。

おそらく多くの人が、車、家、大学の学費あたりを想像したのではないでしょうか。

これらをアンカーにして化粧品を売り込めばいいのです。

例えば、次のような具合に。

「車1台買っても人生が劇的に豊かになることはありませんよね？

車なんて誰でも持っている時代ですから。

しかし、もしあなたの肌が10歳若返ったらどうでしょう？

想像してみてください。今の時代に10歳若いあなたがいたら、今と同じ服を着ますか？

10歳若返れば、出逢える人が変わると思いませんか？ 毎日が楽しくなると思いませんか？

100万円という金額は決して安くはありません。
だからこそ、自分の人生にとって一番いい形で使うべきです。
今乗っている車をほんの数年長く乗って、
次に買い替える車を中古の安い車にしたら、100万円くらいすぐ浮きます。

もちろん中古車より新車のほうが乗り心地はいいかもしれませんが、今想像した10歳若返る喜びと比べたら、どちらが大きな喜びになりそうでしょうか。

想像してみてください。

ほんの少し新しい車に乗るのと、あなた自身が10歳若返って新しい自分に生まれ変わるのと。

同じ金額で手に入るとしたら、人生が豊かになるのはどちらですか？」

ざっとこんな感じです。

ちなみに、短い台詞の中にテクニックをいくつも詰め込んでいるのですが、あなたはいくつ気がつきましたか？

「この化粧品を使うと10歳若返ります」と言ったら嘘になりますが、単にここでは「仮に10歳若返ったらどう思いますか?」と聞いているだけです。

「化粧品を使ったら若返ります」と言わずして、あたかもその化粧品で10歳若返るかのように錯覚させています。

また「もしあなたの肌が10歳若返ったら」の「もし」という言葉も便利なので覚えておいてください。「もし」は、仮定なので否定されませんし、想像の中の世界なので好き放題のイメージを相手の頭に描けます。

さらに「想像してみてください」で想像の中で化粧品を使わせています。一度手に入れたと錯覚させることで、欲しい気持ちを強化しています。

そして最終的に「買うか買わないか」ではなく、「車を買うか若さを買うか」の2択で選ばせています。いつの間にか「化粧品」ではなく、「10歳若返る喜び」を売っ

アンカリング

何と何を比較（アンカリング）するかで
ものの価値は変わる

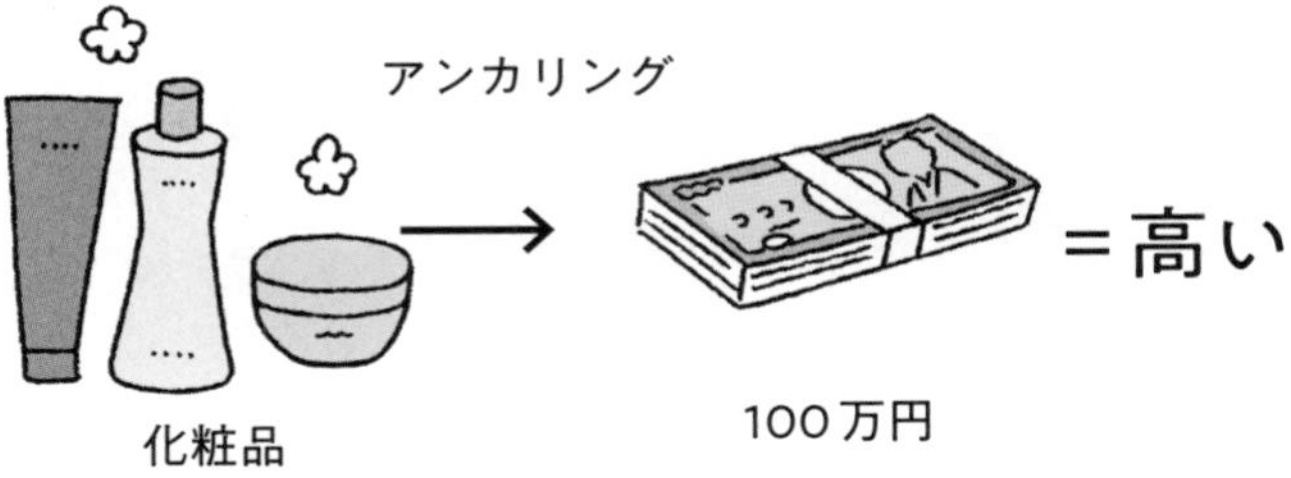

「100万円の化粧品」は高いと感じる

100万円以上でも抵抗なく買うものを
アンカーにする

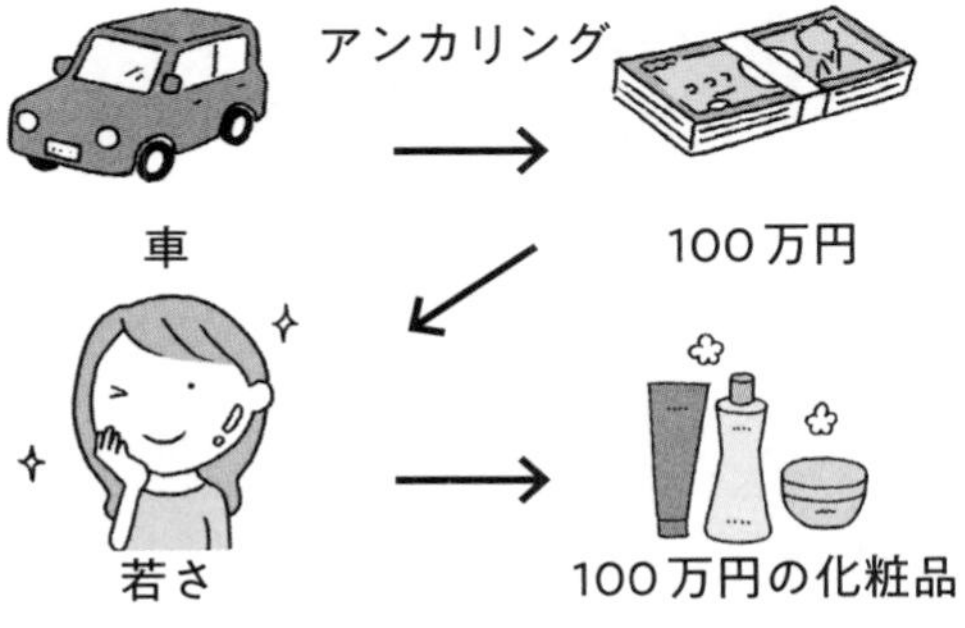

100万円と化粧品ではなく、
100万円と車や、100万円と若さを
比較（アンカリング）させる

ています。化粧品でも、肌が10歳若返るでもなく、さらに大きな「10歳若返る喜び」を車というアンカーと比較させているのです。

このトークを、ここまで紹介してきた話し方でされたら断る自信はありますか？見た目に清潔感があって確かに実年齢より10歳くらい若く見える人で、あなたの話に眉を動かし共感してくれて、深い呼吸で信用できそうな話し方の人に話されたら……。

１００％とまではいかなくても、それなりの確率で化粧品が売れてしまう気がしませんか？

心理効果３：全部揃えたくなる心理「ディドロ効果」

先程のアンカリング効果で高額な化粧品セットをまんまと買わされてしまった人がいるとします。その人は、ほかにも何か売りつけられる可能性が高いです。一度でも高額商材を買ってしまったら、その人はカモ認定されます。販売員はすかさず追撃します。

「こちらの化粧品をお買い上げいただいた方だけに、特別にご案内しているサプリメントがありまして、肌だけでなく内側から綺麗になることでより若々しくいられるという……」

話を聞いてみると、そのサプリメントは化粧品とセットで開発されたもので合わせて使うと2倍の効果が期待できるとか。化粧品を買った人の8割がサプリメントもセット購入していて、98％の人が大満足しているとか。

実際にサプリメントを買った方の写真を見せてもらうと、確かに若々しい！30代にしか見えない女性が、プロフィールを見ると50代と書かれています。しかもそのサプリメントの箱には高級感があり、化粧品セットのデザインと相性抜群。え？しかも今買えば化粧品セットと一緒にサプリメントを入れられる本革製のメイクポーチもプレゼントですって？

そのサプリメントが効くのかどうかなんてなんの確証もなくても、買う人が相当数出てくるはずです。

これが**「ディドロ効果」**です。ディドロ効果を簡単に説明すると、**「1ついいものを買ってしまうと、それに合わせてほかにもいいものを揃えたくなる」**という心理効果です。

「ディドロ効果」の由来は、みすぼらしい書斎に暮らしていたフランスの哲学者ディドロが、友達に高級な緋色のガウンをプレゼントされたのをきっかけに、部屋中の家具をガウンに合わせた高級品に買い替えたというエピソードです。

高額な商品を一式売りつけたい場合、1つ目は安く売ってしまってもいいのです。ボクシングのワンツーみたいなもので、最初のジャブが当たれば次のストレートも当たります。あくまでも本命はストレートです。

「ハイブランドのお店で低価格帯のストールやキーホルダーを買って、気づいたら数ヶ月後にはバッグやコートを買ってしまっていた」という経験のある人は、ディドロ効果にまんまとハマっていたのかもしれません。

心理効果４：思考力を低下させる「希少性の原理」

これは有名すぎるので解説するか迷いましたが、本当によく使われて、ことごとく高い効果を発揮しているので簡単に触れておきます。

希少性の原理は、その名の通り「手に入りづらいものほど高い価値を感じる」という心理効果です。特に強力なのが「今買わないと手に入らない（かもしれない）」というプレッシャーです。

人は時間的なプレッシャーを感じると、驚くほど冷静な判断ができなくなります。

「今この場で契約した方だけの特典です！」
「残りあとわずかです。間もなく売り切れます」
「今買わないともう手に入らないかもしれません」

こういう煽り文句は昔からずっと使われ続けていますが、その効力は一向に衰えません。たぶん100年後も同じ煽り文句は使われていると思います。

ほんの一言付け加えるだけで顧客の思考力を奪う効果がありますので、自分が使われた時には気をつけてください。

心理効果5：印象を自在に操る「リフレーミング」

リフレーミングとは1つの物事について違った視点を持たせることです。例えば「コップに水が半分しか残ってない」「コップに水がまだ半分も残っている」といった具合に、捉え方を変えることで印象は大きく変わります。

要は、「モノは言いよう」というやつです。嘘をつくことなく、ちょっと言い方を変えるだけで印象をガラリと変えられます。僕の得意技の1つです。

「30万円で人生が変わります！」

「給料たった1ヶ月分の投資で今後60年の人生が変わります！」
「今給料たった1ヶ月分の投資を惜しめば、今後60年、720ヶ月にわたって今の生活がずっと続くかもしれません！」

同じことについて言っていますが、印象は大きく違いませんか？
基本的に人は得よりも損に敏感な生き物なので、「100万円儲かるチャンス」を「このチャンスを逃すのは100万円損するリスク」と言い換えるだけで、人を動かす力は強くなります。

同じ水でも、リフレーミングによって感じる価値はまったく変えられます。

「水を飲むと喉が潤います」
「3日間水を飲まないと人間は死にます」

目の前の人にどの角度からものを見させるかは、あなたの言い方にかかっています。

要注意な心理効果3選

ここまでは使える心理効果を5つ紹介しましたが、今度は逆に要注意な心理効果を3つご紹介します。

逆誘導になってしまう「ブーメラン効果」

SNSなどで「ブーメラン発言」という言葉が使われるのを見たことがあるでしょうか？ 過去にしたことや、過去の発言が結果として自分自身への攻撃になってしまった時に「お前が言うな」という意味を込めて使われます。

例えば、他人の不倫を散々批判していたコメンテーターの不倫が発覚した時などに、「ブーメランキタｗ」「特大ブーメランｗ」といった形で騒がれることがあります。

心理効果のブーメラン効果も同じで、自らやったことが逆の結果になって自分にとって不利に働く状態を指します。例えばミラーリングで「やりすぎると逆効果になる」と説明しましたが、これもブーメラン効果の一種です。

「ぜひ買ってください！ お願いします！」と購入を迫って逆に買う気を失わせてしまったり、「勉強しなさい」と親がうるさく言ったことが子どものやる気をなくさせたりする現象などもブーメラン効果です。

ブーメラン効果が発動しやすい条件は2つあります。

①押しすぎ
②わざとらしい（不自然）

何事もやりすぎは逆効果ですので、心理効果を使う際にはお気をつけください。自然に使ってこそ効果を発揮します。

相手のモチベーションを下げる「アンダーマイニング効果」

アンダーマイニング効果とは「楽しいから自発的にやっていたことなのに、人から褒められたりご褒美をもらったりすると、まるで他人のためにやっていたかのような気になってやる気をなくす」という現象です。

小難しい言い方で説明をすると「内発的動機づけによって行ったことを、外発的に動機づけされることによってモチベーションが低下する」となります。

例えば、自主的に野球がうまくなりたくて毎日素振りを300回やっていた野球少年がいるとします。それを見たおじいちゃんが「頑張ってるね。お小遣いをあげよう」と、お小遣いをくれたとします。また次の日も少年が素振りをしていると、おじいちゃんが「これでジュースでも飲みなさい」と、お小遣いをくれます。

微笑ましい光景ですよね。しかし、これが繰り返されると野球少年はいつしか、

「自分が野球がうまくなりたいから（内発的動機）素振りをする」のではなく、「おじいちゃんがお小遣いをくれるから（外発的動機）素振りをする」ようになってしまいます。

するとどうでしょう。頑張る孫が可愛くてお小遣いをあげていたおじいちゃんも、お金には限りがあります。素振りを見る感動も日に日に薄れてきます。孫にあげるお小遣いが減っていくにつれて、孫は素振りをするモチベーションが低下していきます。そして、とうとう貰えるお小遣いがゼロになった時、野球少年はモチベーションを失い、素振りをやめます。これがアンダーマイニング効果です。

人は他人からやらされたことや、他人のために頑張る気持ちが長続きすることはありません。**「やりたいからやっている」と自覚させることが大切なのであって、「何かをもらえるからやっている」と思わせてはいけない**のです。

人を動かす時は、交換条件やご褒美などの安直な手段ではなく、コミュニケーションによって気持ちを動かしたほうが、長い目で見た時には良いのです。

時にマイナスに働く「返報性の原理」

あなたは返報性の原理をご存じでしょうか？　これは有名なので、おそらく知っている方も多いはずです。

「先に何かを与えると、相手もそれに応えようとする」という心理効果で、身近な例としては、スーパーの試食コーナーなどがよく挙げられます。試食をもらうと「買わなきゃ」という気持ちが起こりやすく、購入する人が増えます。

しかし返報性の原理は強力な心理効果であると同時に、使い方次第で逆効果になることもあります。その強力さゆえに、逆効果になった時のマイナスも大きいです。そこで、注意点を解説します。

僕が初期の頃に出した動画で「マルチ商法の人が奢《おご》ってくれない理由」という動画があります。マルチ商法の人に誘われてカフェやファミレスに行くと「自称めちゃくちゃ稼いでいる人」が登場してビジネスの話や金持ちアピールをされるのですが、最後は必ずといっていいほど割り勘になります。

ここで「え？　お金持ちなのに奢ってくれないの？」と疑問に思う人は多いはずです。

しかしこれには理由があります。その理由は主に次の2つに分類されます。

①本当はお金持ちではない

②奢ることでデメリットが生じる

まず圧倒的多数は①です。マルチ商法で稼げている人もいることはいますが、実際にはとても少ないです。

僕が「マルチ商法で年収2000万円近く稼いでいました」というと、「その程度はたいしたことない」とか、「僕の師匠はヒロさんより稼いでいます」というコメントが初期の頃は結構つきました。

しかし、実際には年収2000万円以上稼いでいる人は、稼いでない会員が思っている以上に本当に少ないです。マルチ商法では収入を盛るのが当たり前です。数百人規模のセミナーで成功哲学を語っている人が実は月収20万円を切っている、なんてことはザラにあります。

さらに安定して稼げるような組織のトップ層になってくるとカフェやファミレスでプレゼンをする機会は減っていきます。

僕の経験則ですと、だいたいカフェで会う「マルチ商法の稼げている人」は、月収20万円から、せいぜい60万円くらいまでで99％がカバーされます。カフェやファミレスで会ったマルチ商法の人が年収1000万円を超えていることは、転校生の美少女が自分の隣の席になってそのまま付き合う確率くらい稀です。

ちなみに月収60万円というと平均年収から比べたら立派な「稼いでいる人」かもしれませんが、マルチ商法はそこそこ稼いでいる人が、一番お金がかかります。立場が上がるとタワーマンションに住んだり、ハイブランドのアイテムを買ったりしてほかの会員たちに夢を見せる義務が生じてきます。

それらの活動費にお金を使った結果、手元に残るお金はほとんどありません。そんな中で毎日のように利用するカフェ代を奢るのは物理的に厳しい、という人がほとんどです。

しかし僕は月収100万円以上が安定したあとも、②の理由で奢っていませんでした。「それはヒロさんがケチだったからじゃないの?」と思う人もいるかもしれませんが、それはちょっと違います。

ケチであっても、数百円のカフェ代を奢るだけで成約率が上がるなら余裕で元が取れるので、経済合理性的に考えて奢ります。僕が奢らなかったのは、奢ることによって最終的な収益が下がると判断したためです。

おそらく①の理由でそもそも物理的に奢るのは無理だけど、②を自覚しているがゆえに仮にお金があっても奢らない、と言う人はいるはずです。

僕は金銭的に余裕が出てきた頃に、カフェなどで毎回奢っていた時期があったのですが、その頃なぜか成約率が下がりました。返報性の原理からすれば奢っているのだから、成約が取りやすくなって然るべきですよね。これはどういうことでしょう？

さらにカフェで奢るようになった頃は、成約が取りづらくなっただけでなく、すでに会員になった人たちがやめやすくなった時期でもありました。おかしいですよね。奢ってもらったら嬉しいはずなのに、ビジネスを継続する人が減っていったのです。

「カフェではダメなのかな？」と思って、会員になった人には食事を奢ったりもしました。しかしダメでした。なぜでしょうか？

勘の良い人は気づいているかもしれません。アンダーマイニング効果が働いていたのです。

「ビジネスの話を聞きたいから聞いている」「自分のためにマルチ商法を始めた」と

いう人に対して「奢る」という報酬を与えることで、「奢ってもらえるから話を聞きにきた」「奢ってもらえるからビジネスを頑張った」という外発的な動機を与えてしまっていました。

このように返報性は、アンダーマイニング効果になってしまう場合があります。返報性を期待して何かをプレゼントしたりする時は、それが相手の内発的な動機を奪ってしまわないかに注意してください。

おわりに

最後まで読んでくださり、ありがとうございました。
今の気分はいかがでしょうか？

「やられた！　あの時買わされたのはあのテクニックだったのか」と気づいた人もいるでしょうし、「明日からの営業で試してみよう」と前向きに捉えてくださった方もいるでしょうし、「これを使ってあんなことやこんなことを……」と悪いことを企んでいる方も……これはいないことを願います。

現実的なことを考えれば、このテクニックを使って、誰かを騙したり、よからぬ商品を売ったりする人も0ではないかもしれません。
しかし、それは僕が禁じることでも裁くことでもないと思っています。人を裁くのは法律です。それに、いくら禁止されたとしても、人の欲望は止められないものです。

包丁も車も、毎年多くの人が死ぬきっかけになっています。これは事実です。包丁が作られる限り、刺される人がいるでしょうし、車が造られる限り、交通事故はなくならないでしょう。

しかし、同時に、もっと多くの人を救っていることも事実です。手術で使われるメスは、包丁と同じ刃物です。救急車や消防車は車の一種です。どんな技術も使い方次第でまったく逆の結果を生みます。

そして、技術が普及し進歩するほど、いい結果の割合が増えていく、と僕は信じています。

人が脳で動く生き物である限り、脳を支配する洗脳やマインドコントロールは強力な技術です。科学が発達し、扱う情報量が増えるにつれて、人を騙したり惑わせたりする技術の重要度は増していくことでしょう。

そんな時代だからこそ、洗脳やマインドコントロールのノウハウを普及させ発展させていくことが、より豊かで安全な社会の発展に貢献できるのではないでしょうか。

そんな思いを胸に、とても有用だけれどイメージが悪くてなかなか広まらない知識をこの本にすべて吐き出しました。

先程、包丁を例に出しましたが、言葉はよく刃物に例えられます。

ここまで本書を読み進めてくださったあなたの言葉は、文字通り研ぎ澄まされ、鋭さを増しています。ぜひ気をつけて扱ってください。

鋭い刀は使い手によって名刀にも妖刀にもなります。あなたの言葉が、名医のメスとして一人でも多くの方を救う名刀になることを願っています。

最後の最後まで読んでくださったあなたに、感謝を込めてプレゼントがあります。

この本を書くにあたって、文字数の関係上カットした情報が多数あります。カットした情報の中には「重要だけれども文字だけだと伝わりづらいから」という理由でカットしたものもあります。

そこで、カットした情報を動画にて解説しました。こちらの公式LINE(@086fvsmh)を友達追加して「ヤバい特典」と送っていただくと、動画のURLが届くようになっています。ぜひご覧ください。

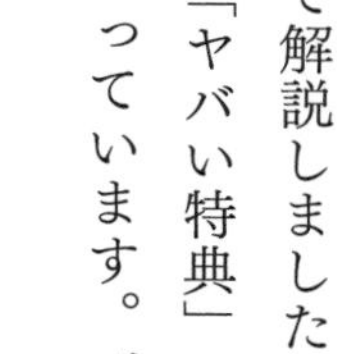

ここまでお読みいただき、ありがとうございました。それではまた、次回の本か、YouTubeかTwitterかVoicyでお会いしましょう!

Dr.ヒロ

ブックデザイン：小口翔平＋畑中茜＋須貝美咲（tobufune）
イラスト　　：坂木浩子
DTP　　　　：野中賢（システムタンク）
編集協力　　：鹿野哲平

【著者プロフィール】
Dr. ヒロ（ドクター・ひろ）

洗脳系 YouTuber。
YouTube チャンネル「Dr. ヒロの実験室」を運営。
早稲田大学政治経済学部卒。大学 4 年生の時に「経済セミナーがある」と言われてマルチ商法の勧誘を受け、以来 6 年間どっぷりハマる。日々の活動を行いながらセールスや洗脳のノウハウを実践。4 年目にトップセールスになり、月収 7 桁を突破。以降トップセールスを維持し続け年収 8 桁を達成する。
しかしマルチ商法を引退してからは一転して貧乏に陥る。破産寸前の中 YouTube を始め、マルチ商法や洗脳などについて発信。SNS フォロワー 0 の状態から 1 年半でチャンネル登録 13 万人を突破。審査基準が厳格な Voicy でもパーソナリティを務める。

Twitter(@hiro_jikken)
YouTube(https://www.youtube.com/c/hiro_labo)

▼ YouTube チャンネル「Dr. ヒロの実験室」はこちら

思い通りに人を動かす ヤバい話し方

2021 年 6 月28日　　初版発行
2021 年 8 月30日　　5 版発行

著　者　Dr. ヒロ
発行者　太田　宏
発行所　フォレスト出版株式会社
〒 162-0824 東京都新宿区揚場町 2-18　白宝ビル 5F
電話　03-5229-5750（営業）
03-5229-5757（編集）
URL　http：//www.forestpub.co.jp

印刷・製本　日経印刷株式会社

ISBN978-4-86680-128-5　Printed in Japan
乱丁・落丁本はお取り替えいたします。